AF287019

BETTINA SCHWEDHELM

Wache Finger, wache Ohren

Spiel- und Übungsmaterial zur elementaren Klaviertechnik

Illustrationen
Imke Kretzmann

Heft 1 EB 8821
Heft 2 EB 8822

BREITKOPF & HÄRTEL

WIESBADEN · LEIPZIG · PARIS

Edition Breitkopf 8821

Printed in Germany

BV 476 Lehrerkommentar mit DVD ISBN 978-3-7651-0476-3
Schülerheft 1 EB 8821
Schülerheft 2 EB 8822 ISMN 979-0-004-18387-8

EB 8821
ISMN 979-0-004-18386-1
© 2013 by Breitkopf & Härtel, Wiesbaden
2. Auflage 2016
Alle Rechte vorbehalten

Illustrationen und Piktogramme: Imke Kretzmann, Hamburg
Umschlag: Imke Kretzmann, Hamburg
Notensatz, Satz und Layout: Ansgar Krause, Krefeld
Druck: imprimo Offsetdruck, Weißenthurm
Printed in Germany

Inhalt

Einleger – Üben mit Varianten

Zeichenerklärung

= Dieses Zeichen fordert dich dazu auf, die jeweilige Übung oder Etüde in verschiedenen Varianten zu üben. Vorschläge dazu findest du im Einleger deines Heftes.

= Hier findest du besondere Hinweise, Übetipps und Fragen.

= Hier sollst du selbst etwas notieren.

= Prüfe, ob deine Finger 2–5 widerstehen, also ihr Endgelenk stabil ist.

= Türkis gesetzte Fingersätze bedeuten: Spiele die jeweilige Übung oder Etüde auch mit diesem Fingersatz.

16 Tipps zum erfolgreichen Üben

Liebe Schülerin, lieber Schüler!

Diese Auswahl wichtiger Übetipps soll dir dabei helfen, richtig und mit Erfolg zu üben. Dabei spielt es keine Rolle, ob du dich gerade mit einer Übung, einer Etüde oder einem Spielstück beschäftigst, sei es aus diesem Heft oder anderen Notenheften. Wenn du abwechslungsreich übst und stets weißt, worauf es ankommt, macht das Üben viel mehr Spaß und bringt dich auch schneller an dein Ziel!

1. Bist du wirklich bereit zum Üben? Es wird nämlich nur dann sinnvoll sein, wenn du ganz aufmerksam und konzentriert bist.
2. Versuche, stets aus einer guten, aufgerichteten Sitzhaltung heraus zu spielen.
3. Überlege, welche Aufgabe du schaffen kannst und welches dein Lernziel ist.
4. Unterteile deine Übung, Etüde oder dein Spielstück in kleine Lernbausteine, die du dir sorgfältig nacheinander erarbeitest (z. B. nur einen halben oder ganzen Takt, eine Zwei- oder Viertaktgruppe).
5. Wenn du einen Lernbaustein mindestens *fünfmal hintereinander fehlerfrei* und ohne Denkpausen spielen kannst, hast du einen echten Lernerfolg erzielt.
6. Spiele erst dann mit beiden Händen zusammen, wenn du jede Hand einzeln kannst.
7. Übe vor allem, was noch nicht gelingen will, und fange nicht immer wieder von vorne an.
8. Spiele stets klar und deutlich.
9. Spiele möglichst viel auswendig. So kannst du dich besser auf den Klang konzentrieren und sehen, was deine Hände auf den Tasten tun.
10. Versuche nicht, an alles *gleichzeitig* zu denken, sondern achte *nacheinander* sehr aufmerksam auf verschiedene Dinge, z. B.
    - den Rhythmus
    - die Lautstärke (Dynamik)
    - das Binden/Trennen (Artikulation)
    - das Tempo
    - den Fingersatz
    - den Anschlag (stabile Finger!)
    - die Spielbewegung
11. Übe immer wieder einmal im Zeitlupentempo, damit du ganz genau vorausdenken und -hören und dabei bewusst verfolgen kannst, was deine Finger tun. So machst du weniger Fehler und brauchst seltener Denkpausen.
12. Halte bei einem Fehler inne und versuche, ihn genau zu benennen; dann weißt du, was du verbessern kannst.
13. Übe mit Übertreibungen, z. B. mit übertriebenen Anschlagsbewegungen, Lautstärken oder besonders langsam (s. o.) – das prägt sich besser ein.
14. Höre dir zu – gefällt dir dein Ton/Klang wirklich?
15. Versuche dir den Ton/Klang genau vorzustellen, *bevor* du spielst. Vergleiche anschließend deine Vorstellung mit dem Klangergebnis.
16. Achte darauf, wie sich deine Anschlagsbewegung anfühlt und in welcher Weise sie deinen Ton/Klang beeinflusst.

1 Töne bilden (Elementare Anschlagsübungen)

1 Armspiel mit einem Finger (Portato – Staccato)

Übungen

1. Bewege deinen Arm ruhig wie ein Schmetterling, der sich mehrmals auf einem Blatt niederlässt und dann von Blatt zu Blatt fliegt. (⌒ ⌒ ↓ …)
2. Spiele alle Übungen auch mit deiner l. H., und zwar eine Oktave tiefer.

Varianten Verändere
… die Tonfolgen
… das Tempo
… die Dynamik
… den Fingersatz

1 r. H. 2 … / l. H. 2 …

2 2 … / 2 …

3 2 … / 2 … 8

TIPP Wie veränderst du die Tonstärke?

TIPP Spiele ein Lied, das du kennst und im Ohr hast – mit nur einem Finger, aber möglichst schönem Ton.

Du kannst deine Spielbewegung langsam auszählen:

4 Zähle: 1 2 3 4

1 = den Arm heben
2 = den Ton formen (Anschlag)
3 = spüren und dem Ton nachhören
4 = den Arm heben

Töne klingen tiefer oder höher, lauter oder leiser, länger oder kürzer als andere.
Töne können (in unserer Vorstellung) aber auch klingen wie beispielsweise Gongs:

- klangvoll, lange ausschwingend

- _____

- _____

Töne können auch wie das Plitsch und Platsch kleinerer und größerer Wassertropfen klingen:

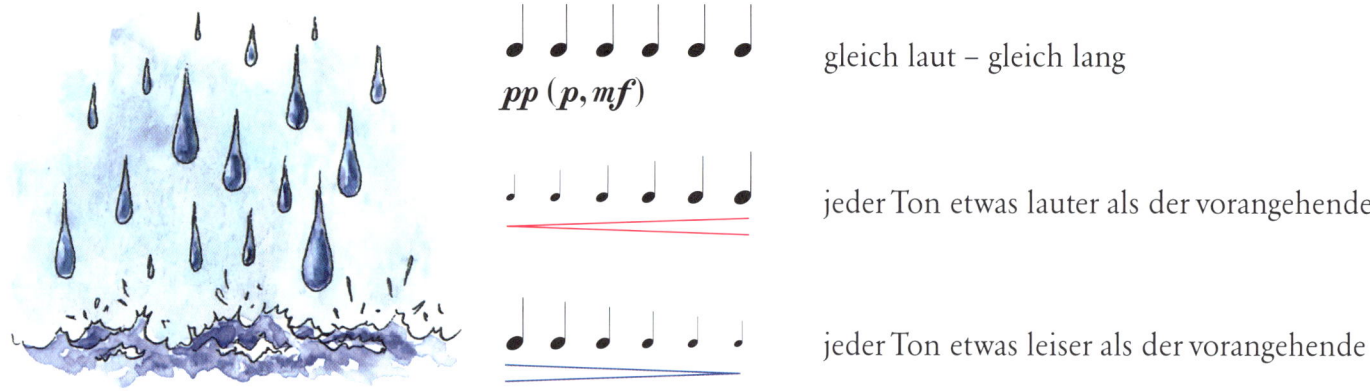

gleich laut – gleich lang

jeder Ton etwas lauter als der vorangehende

jeder Ton etwas leiser als der vorangehende

 Klingen deine Töne so, wie du sie dir vorgestellt hast?
Wie klingen sie, wenn du das rechte Pedal drückst?
Was spürst du beim Anschlag („Ton formen") in deinem Finger?

Töne können Gefühle ausdrücken und zum Beispiel so klingen:

- wütend
- ängstlich
- fröhlich

- _____
- _____
- _____

2 Fingerspiel (Legato)

Übungen

Führe mit jedem Finger die Taste mehrmals wie einen Fahrstuhl auf- und abwärts:

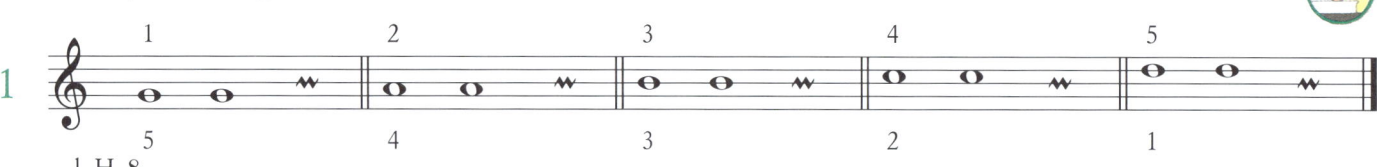

Zähle deine Spielbewegung aus:

Zähle: 1   2   3   4

1 = dein Fingerpolster spürt die Tastenoberfläche
2 = dein Finger führt die Taste hinunter
3 = … ruht auf dem Tastenboden
4 = … führt die Taste wieder hoch

Varianten — Verändere
... die Fingersätze
... die Tonfolgen
... die Dynamik

Binde die Töne mit einander ablösenden Händen so, wie es deine Füße beim Gehen tun:

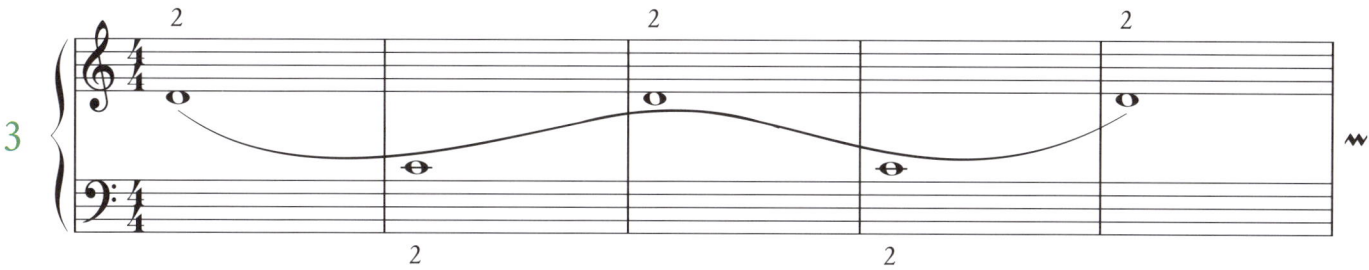

Dasselbe mit zwei (nebeneinanderliegenden) Fingern *einer H*and:

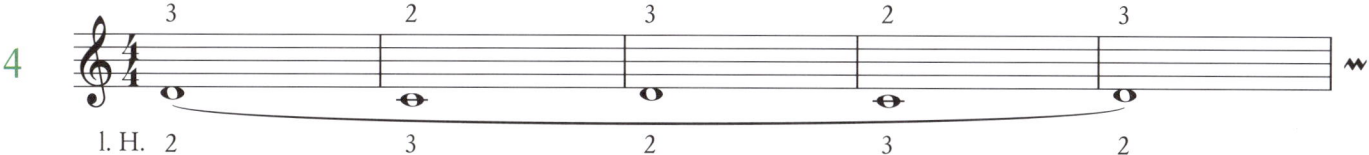

Binde die Töne mit einander ablösenden Händen so über, wie es deine Füße beim Schleichen tun:

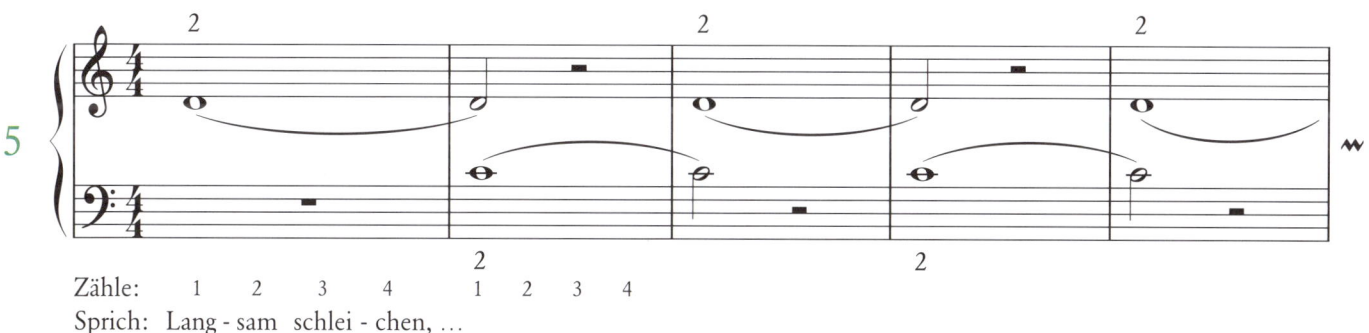

Zähle: 1 2 3 4   1 2 3 4
Sprich: Lang - sam schlei - chen, ...

Dasselbe mit zwei (nebeneinanderliegenden) Fingern *einer* Hand:

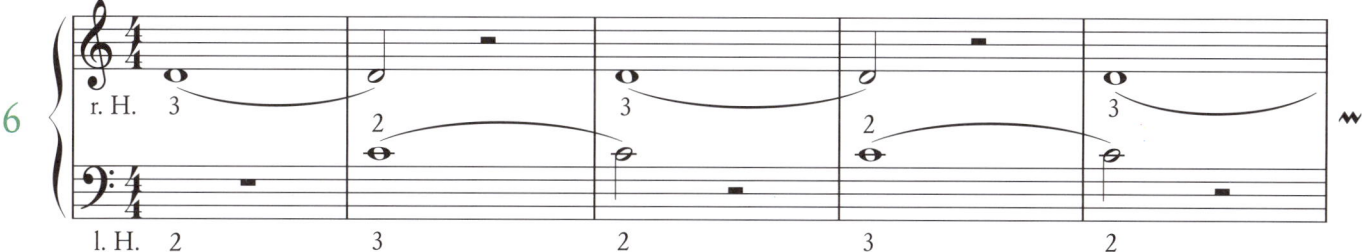

3 Die Zweierbindung (Der Zweierbogen)

Übungen

Spiele alle Übungen mit deiner l. H. eine Oktave tiefer und spiegelbildlich.

 Verändere
... die Tonfolgen
... die Fingersätze

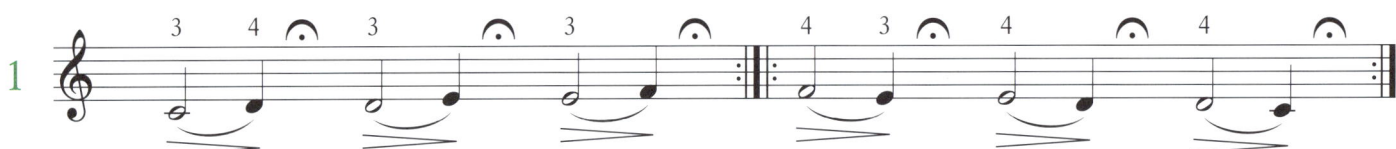

Denke: schwer leicht
          mf   *pp*
Hand-
gelenk:

 Achte beim Spielen der Zweierbindung
auf dein Handgelenk: Es bewegt sich
wie eine Wippe.

Du kannst deine Spielbewegung auszählen:

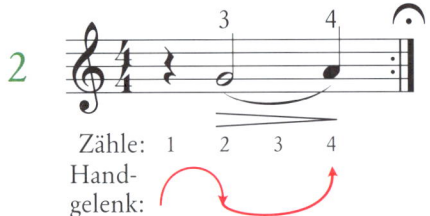

Zähle: 1   2   3   4
Hand-
gelenk:

1 = Arm hebt sich mit gelöster Hand
2 = senkt sich in die Taste, der 1. Ton wird geformt
3 = hören und spüren
4 = Arm und Hand heben sich langsam aus der Taste
     und nehmen dabei den 2. Ton mit

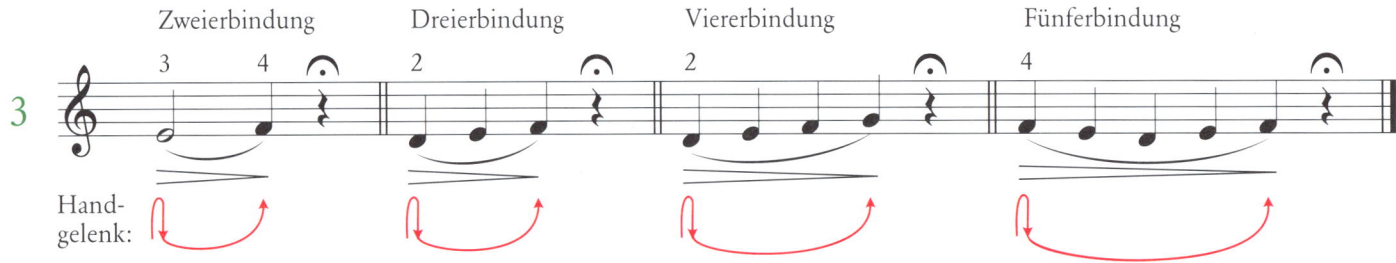

Zweierbindung   Dreierbindung   Viererbindung   Fünferbindung

Hand-
gelenk:

 Fasse jede Tonfolge in *einer* Armbewegung zusammen.

2 Zwei- bis Fünffingerübungen

1 Zwei Finger spielen

Übungen

1. Spiele alle Übungen sowohl getrennt (portato und staccato)
   als auch gebunden (legato). Die mit Bögen versehenen Übungen
   sollen nur legato gespielt werden.
2. Spiele alle Übungen auch mit deiner l. H.,
   und zwar eine Oktave tiefer.

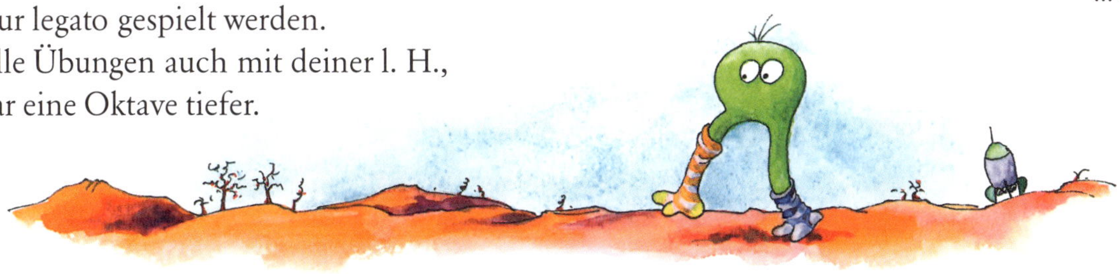

Varianten Verändere
... die Zweitonlage
... die Dynamik
... den Rhythmus
... das Tempo

1
Zwei geh'n gern zu - sam - men aus.
l. H. 3 2

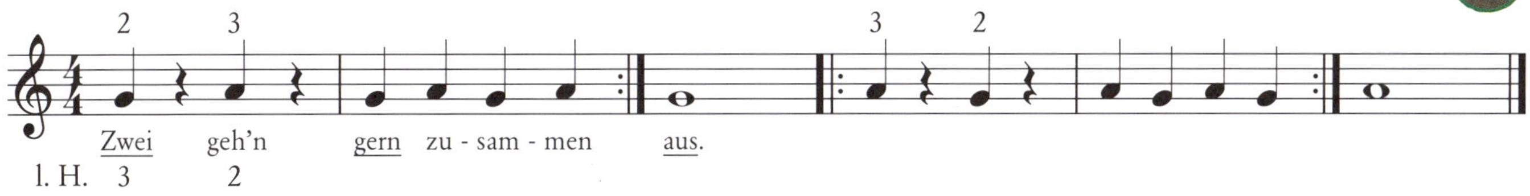

a)
Jetzt geht's im Drei - er - takt rund.
3 2

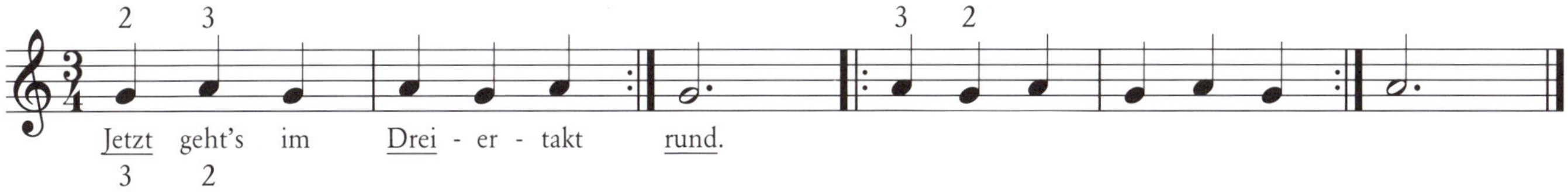

b)
Hg.

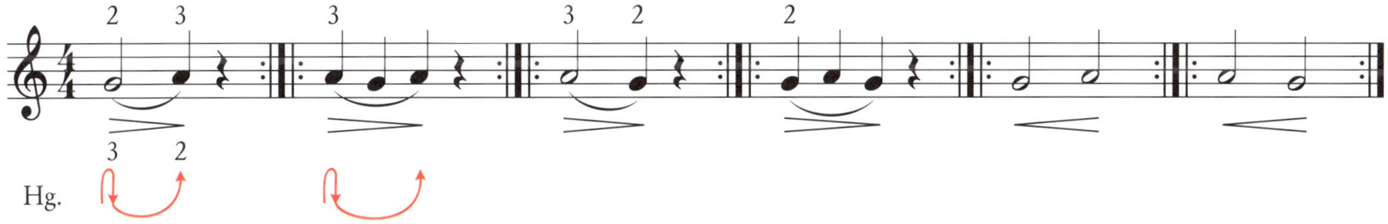

Die vorangegangenen Übungen kannst du auch mit anderen Fingerpaaren in gleicher Weise ausführen:

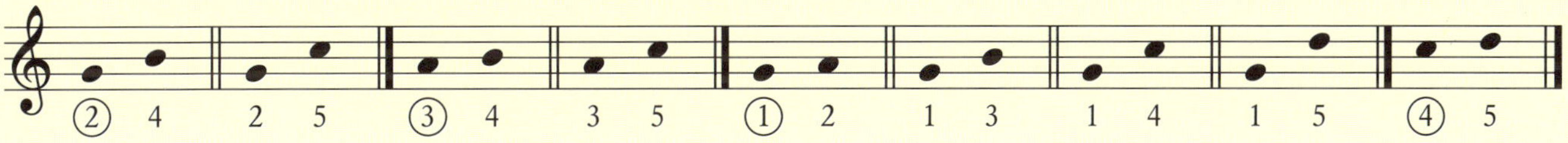

② 4 2 5 ③ 4 3 5 ① 2 1 3 1 4 1 5 ④ 5

Etüden

1 Blume im Wind

B. S.

2 Mückenplage

B. S.

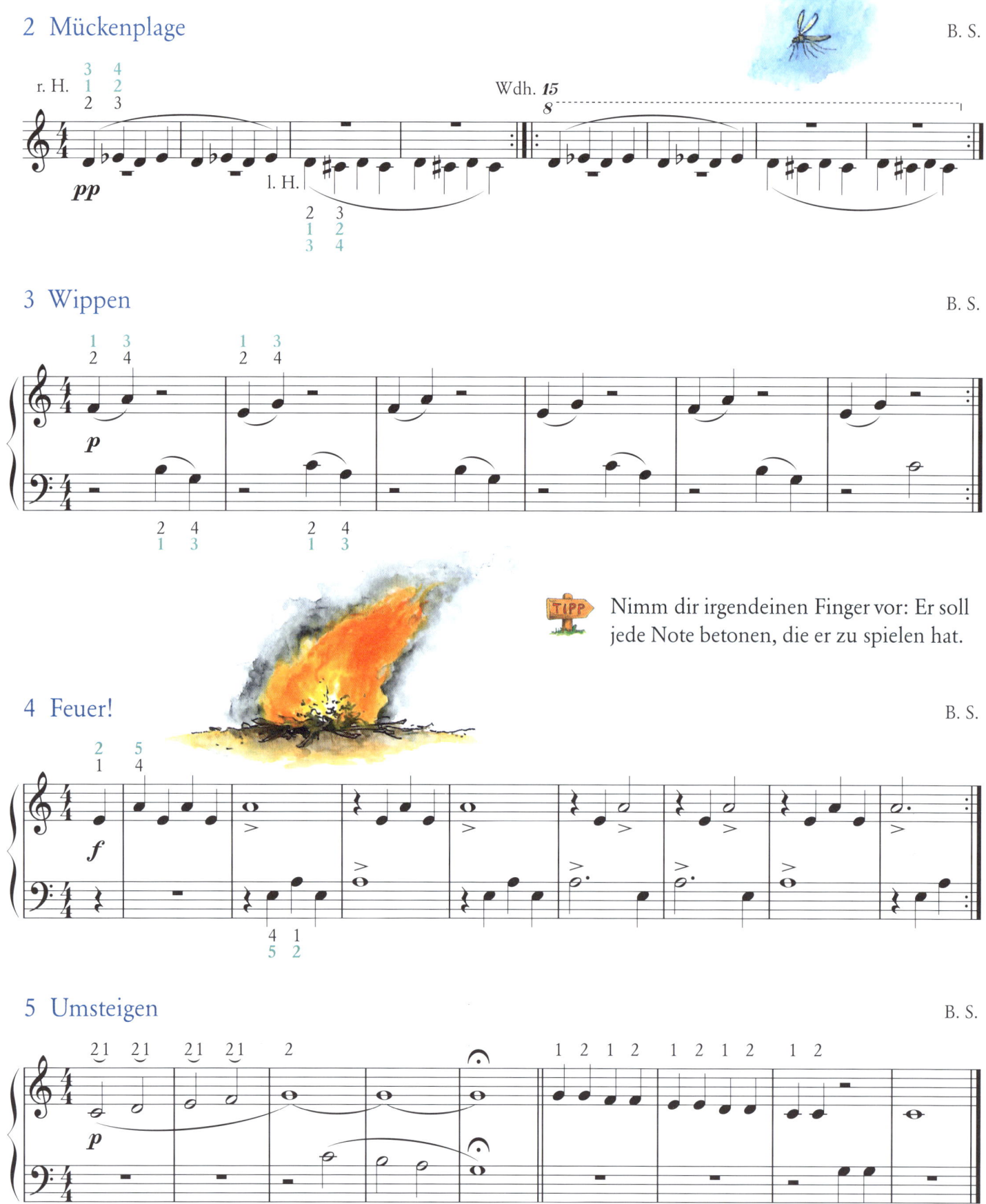

3 Wippen

B. S.

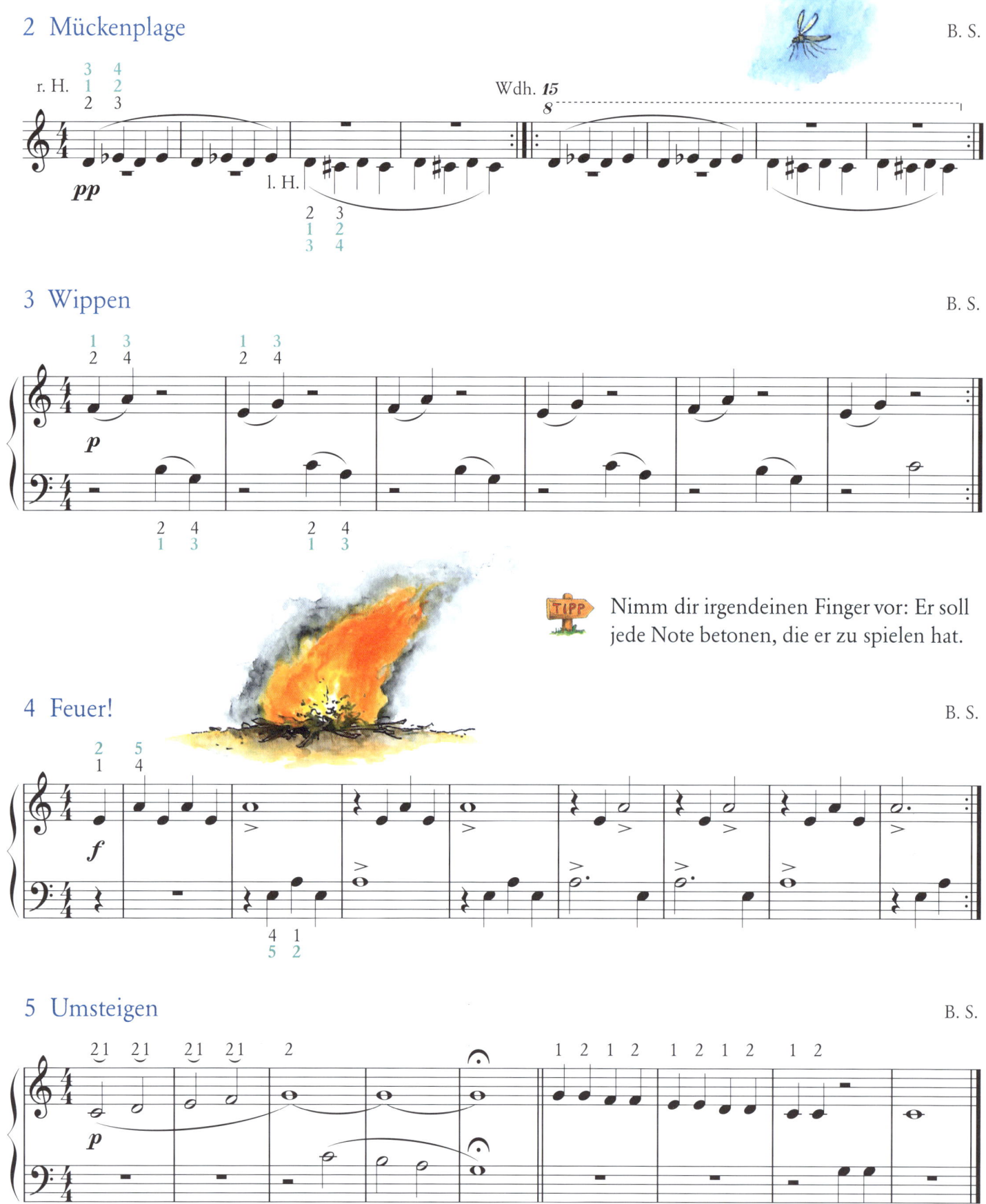

TIPP Nimm dir irgendeinen Finger vor: Er soll jede Note betonen, die er zu spielen hat.

4 Feuer!

B. S.

5 Umsteigen

B. S.

6 Kuckucksuhr

B. S.

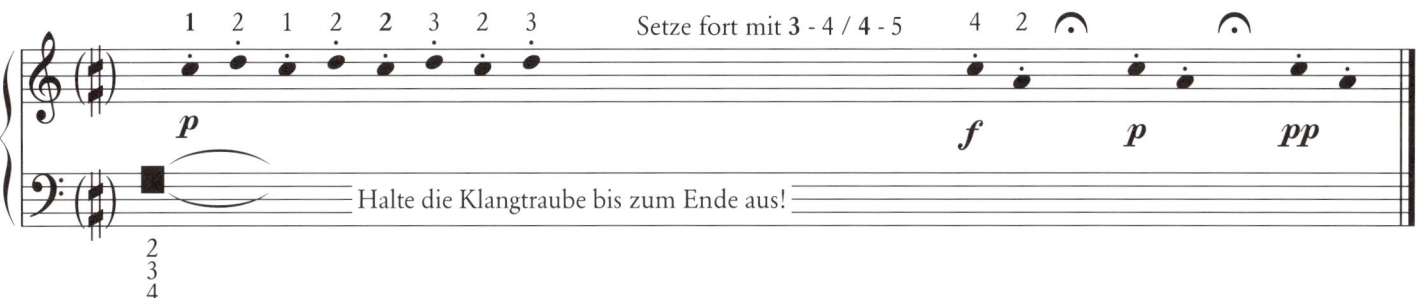

Setze fort mit **3 - 4 / 4 - 5**

Halte die Klangtraube bis zum Ende aus!

7 Zwei allein

B. S.

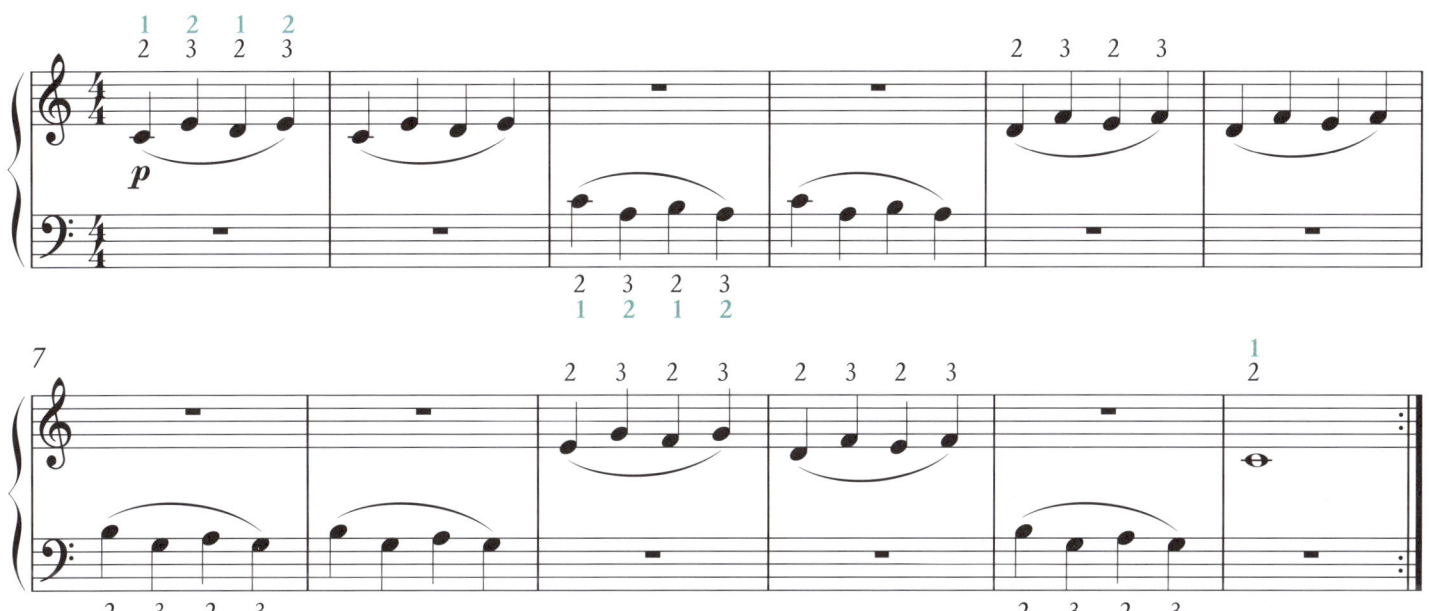

2 Drei Finger spielen

Übungen

1. Spiele alle Übungen sowohl getrennt (portato und staccato) als auch gebunden (legato). Die mit Bögen versehenen Übungen sollen nur legato gespielt werden.
2. Spiele alle Übungen auch mit deiner l. H., und zwar eine Oktave tiefer.

Verändere
... die Dreitonlage
... die Dynamik
... den Rhythmus
... das Tempo

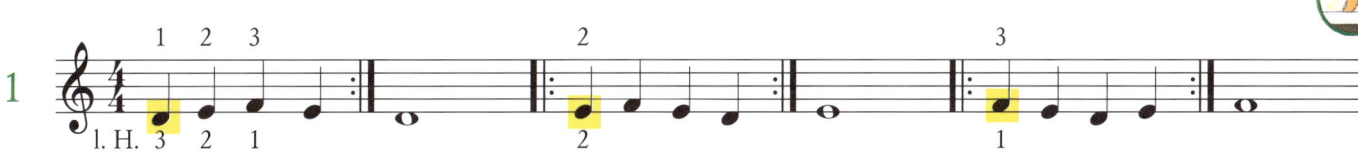

Vie - rer - takt geht leicht!

Eins, zwei, drei, Wal - zer - schritt tan - zen die drei.

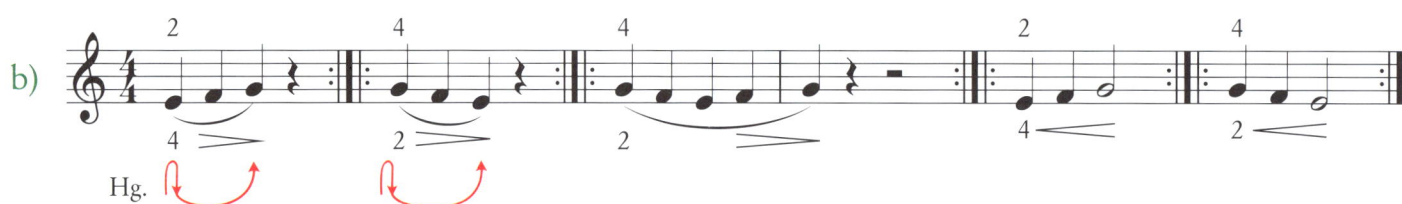

Die vorangegangenen Übungen kannst du auch mit anderen Fingergruppen in gleicher Weise ausführen:

Etüden

Varianten Verändere
... die Fünftonlage (Tonart)

1 Nachtwächter

B. S.

2 Aquarium

B. S.

  Suche dir einen Finger deiner rechten oder linken Hand aus: Spüre, ob
er seine Taste immer bestimmt und mit „festem" Endgelenk anschlägt.

3 Immer anders

B. S.

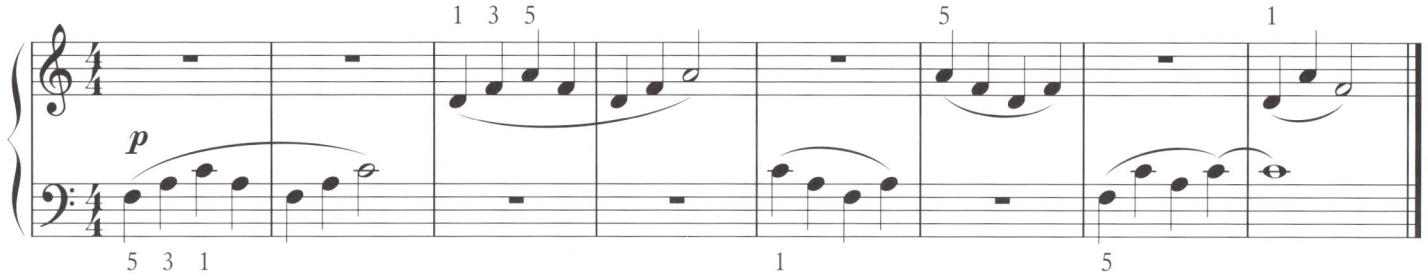

4 Quälgeist

B. S.

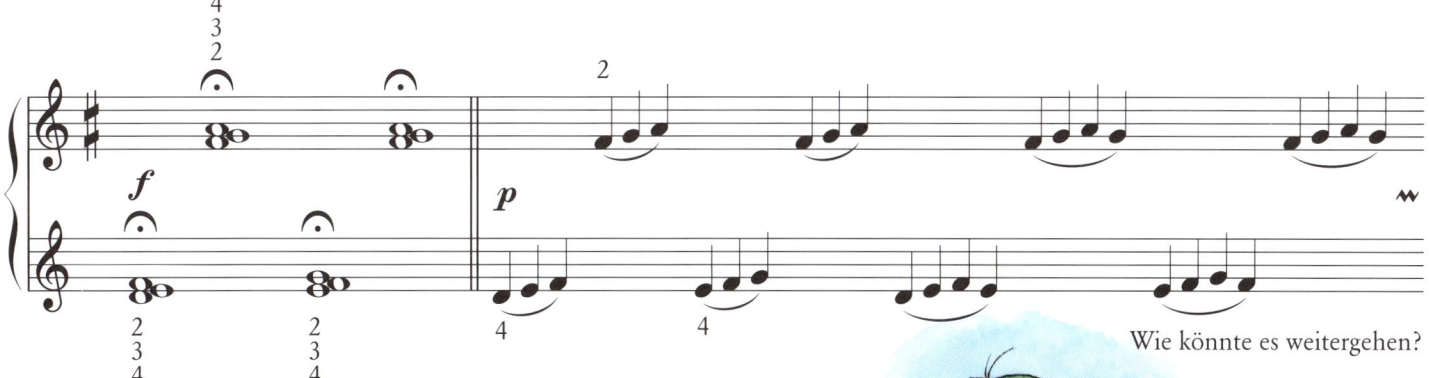

Wie könnte es weitergehen?

3 Vier Finger spielen

Übungen

1. Spiele alle Übungen sowohl getrennt (portato und staccato) als auch gebunden (legato). Die mit Bögen versehenen Übungen sollen nur legato gespielt werden.
2. Spiele auch alle Übungen mit deiner rechten Hand eine Oktave höher.

Verändere
... die Viertonlage
... die Dynamik
... den Rhythmus
... das Tempo

Vie - re spiel'n im Vie - rer - takt.   Drei - er - takt schwingt hin und her.

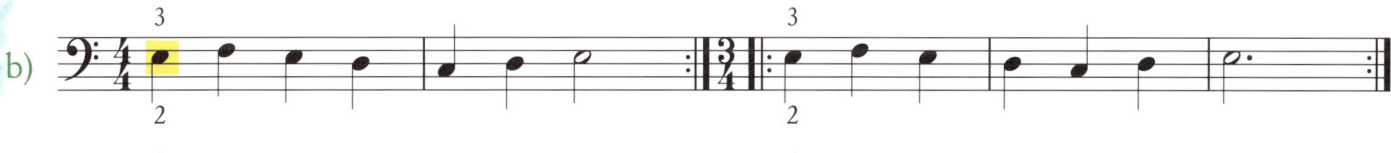

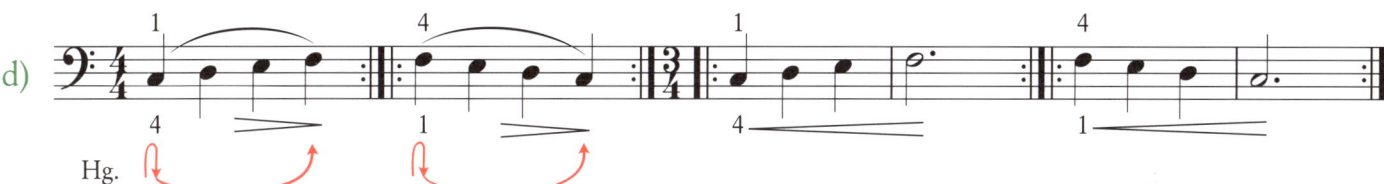

Die vorangegangenen Übungen kannst du auch mit anderen Fingergruppen in gleicher Weise ausführen:

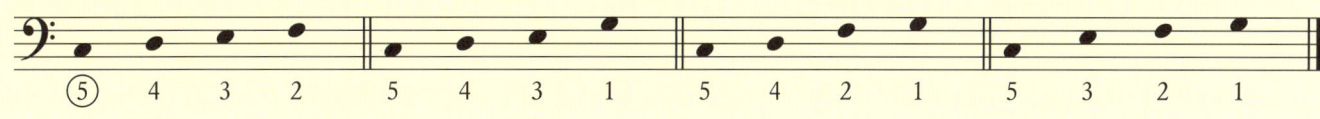

Drehwurm

Denke dir eine eigene Vierfingerübung aus,
zum Beispiel einen anderen Drehwurm:

Etüden

1 Einer nach dem anderen
B. S.

2 Auf und ab
B. S.

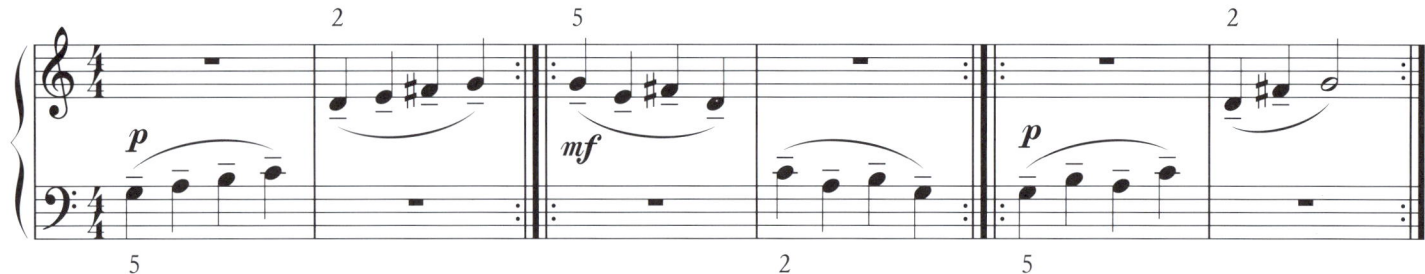

3 Big Ben
Trad.

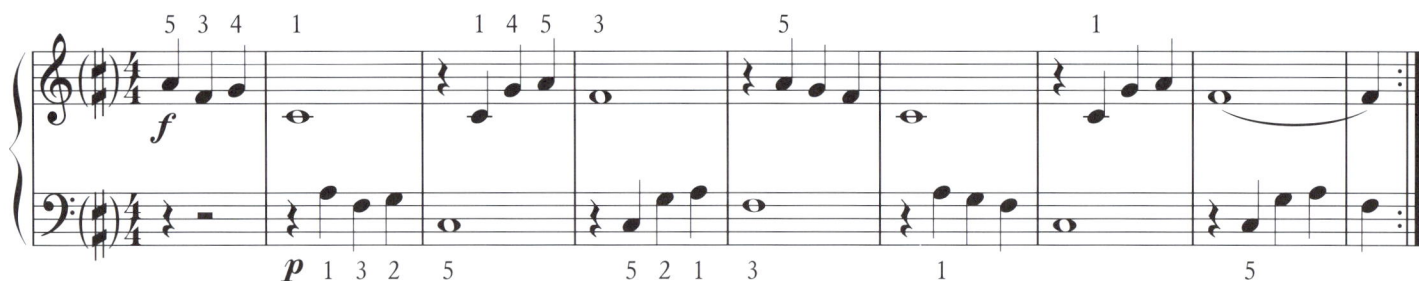

Achte genau auf den Zusammenhang zwischen dem Klang
und dem, was dein Finger beim Anschlag spürt.

4 Zwei auf Reisen

B. S.

4 Fünf Finger spielen

Übungen

1. Spiele alle Übungen sowohl getrennt (portato und staccato)
   als auch gebunden (legato). Übungen mit Bögen
   sollen nur legato gespielt werden.
2. Spiele alle Übungen auch jeweils mit der anderen (nicht notierten)
   Hand, und zwar eine Oktave tiefer bzw. höher.
3. Versuche, nicht nur auf weißen Tasten zu spielen, sondern durch
   Wechsel der Fünftonlage (Tonart) auch schwarze Tasten einzubeziehen.

Verändere
... die Fünftonlage (Tonart)
... die Dynamik
... den Rhythmus
... das Tempo

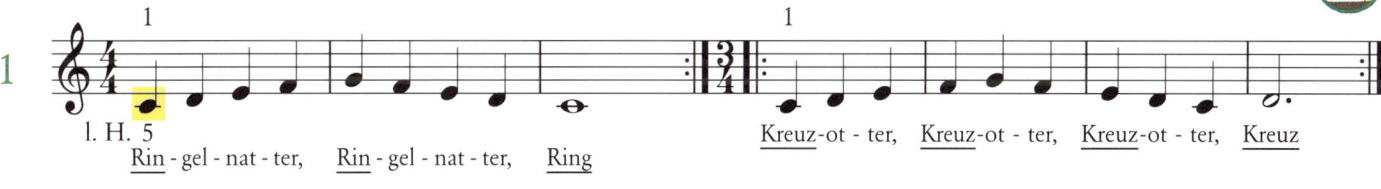

Rin - gel - nat - ter,   Rin - gel - nat - ter,   Ring   Kreuz-ot - ter,   Kreuz-ot - ter,   Kreuz-ot - ter,   Kreuz

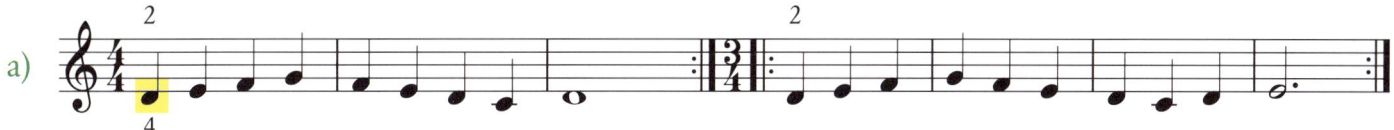

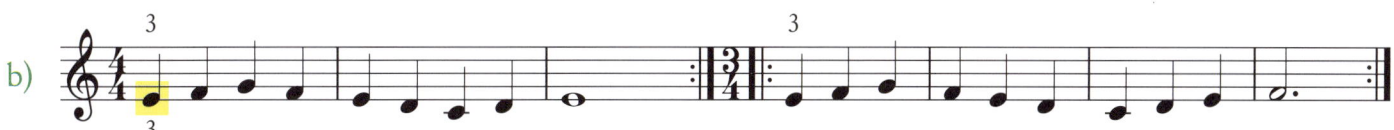

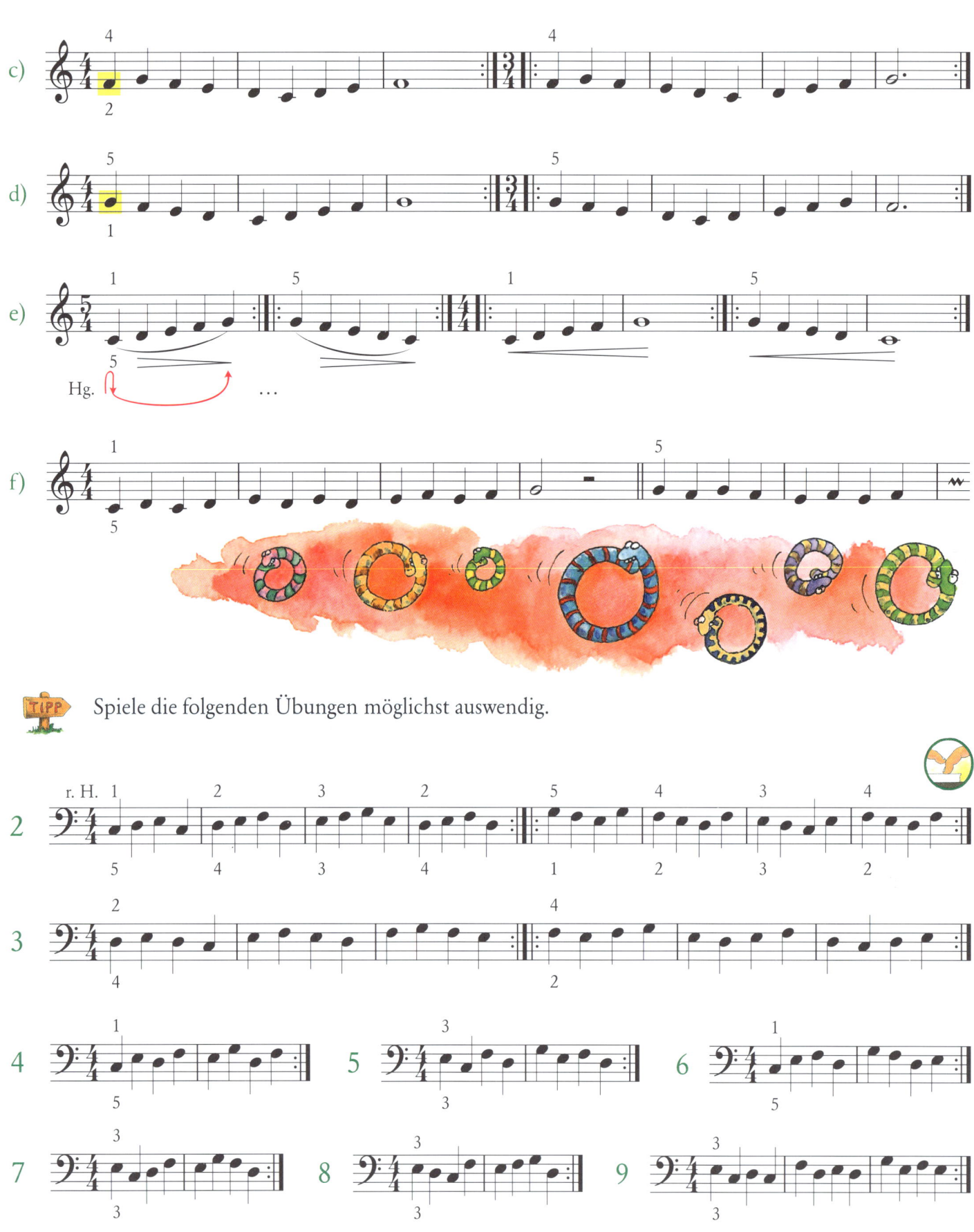

TIPP   Spiele die folgenden Übungen möglichst auswendig.

TIPP   Spiele einmal eine Übung in der Luft – der Fingersatz prägt sich so besser ein.

Spiele die Tonfolge in Übung 10 sehr gleichmäßig mit immer wieder wechselnden Fingerpaaren: Versuche, den Fingerwechsel jeweils geschmeidig und unhörbar einzureihen. Nimm als Fingersatz zum Beispiel:

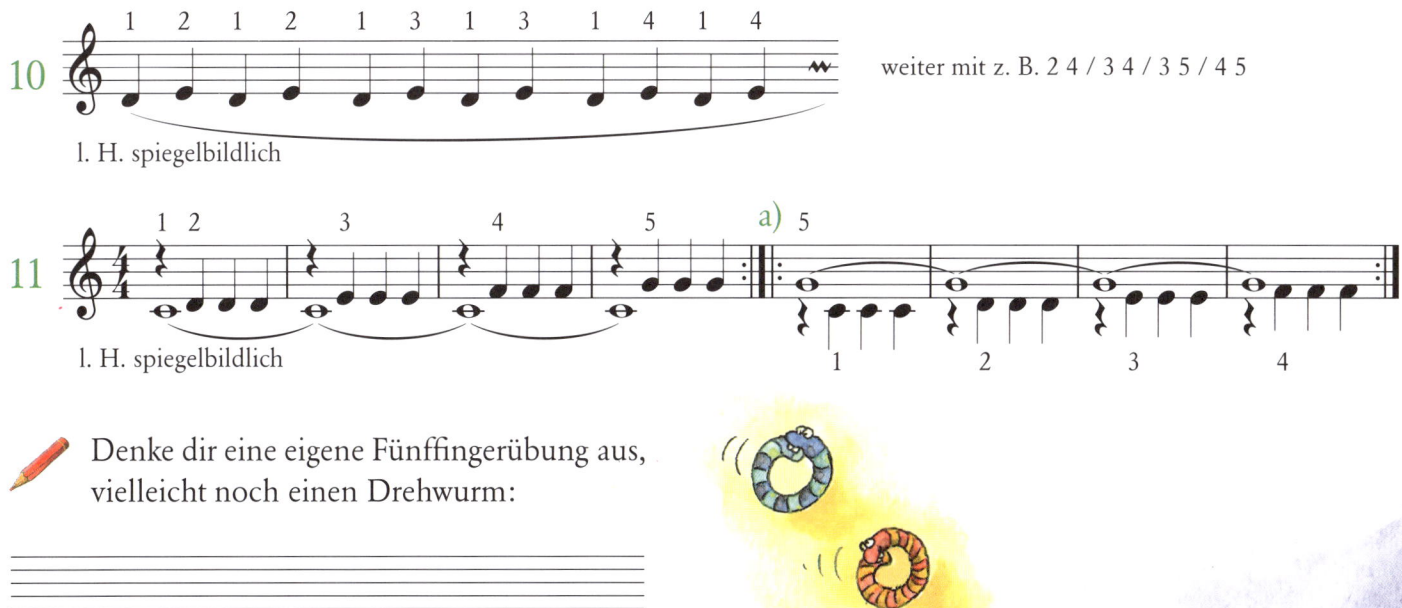

10   l. H. spiegelbildlich   weiter mit z. B. 2 4 / 3 4 / 3 5 / 4 5

11   l. H. spiegelbildlich

✏️ Denke dir eine eigene Fünffingerübung aus, vielleicht noch einen Drehwurm:

Etüden

1 Immer mehr

B. S.

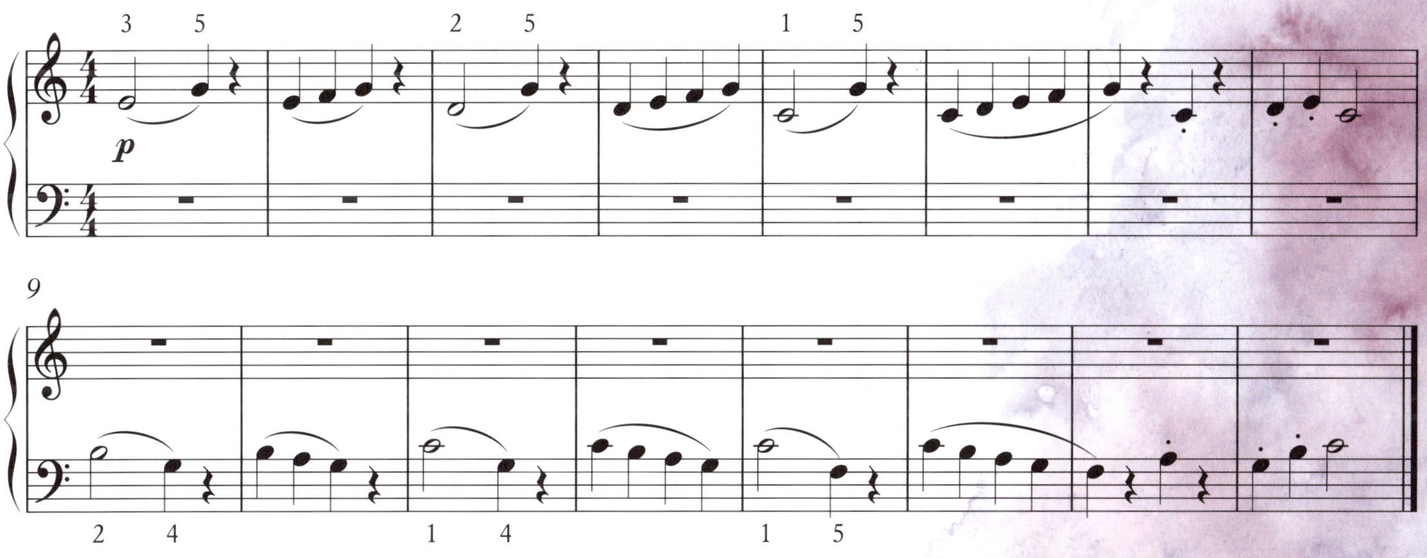

p

Breitkopf EB 8821

Verändere
... die Fünftonlage (Tonart)

2 Ohne Ende

B. S.

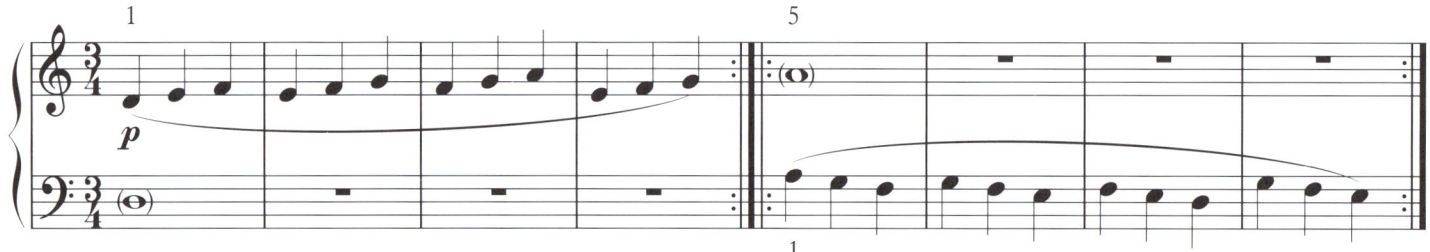

3 Frühling

B. S.

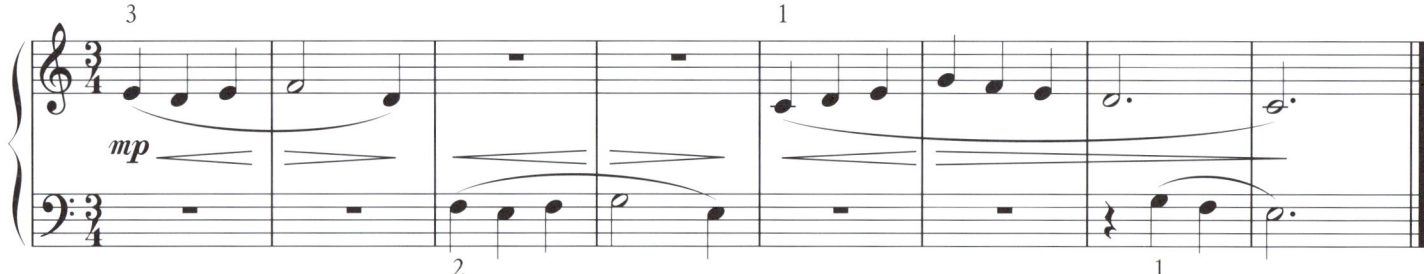

Ich mag den Früh - ling, ich mag den Früh - ling, denn er bringt Son - ne und Wär - me.

TIPP Schließe einmal die Augen beim Spielen: Höre dir genau zu und spüre, wie deine Fingerpolster die Töne formen. Klangen sie so, wie du sie dir vorgestellt hast?

4 Wasserlilie

B. S.

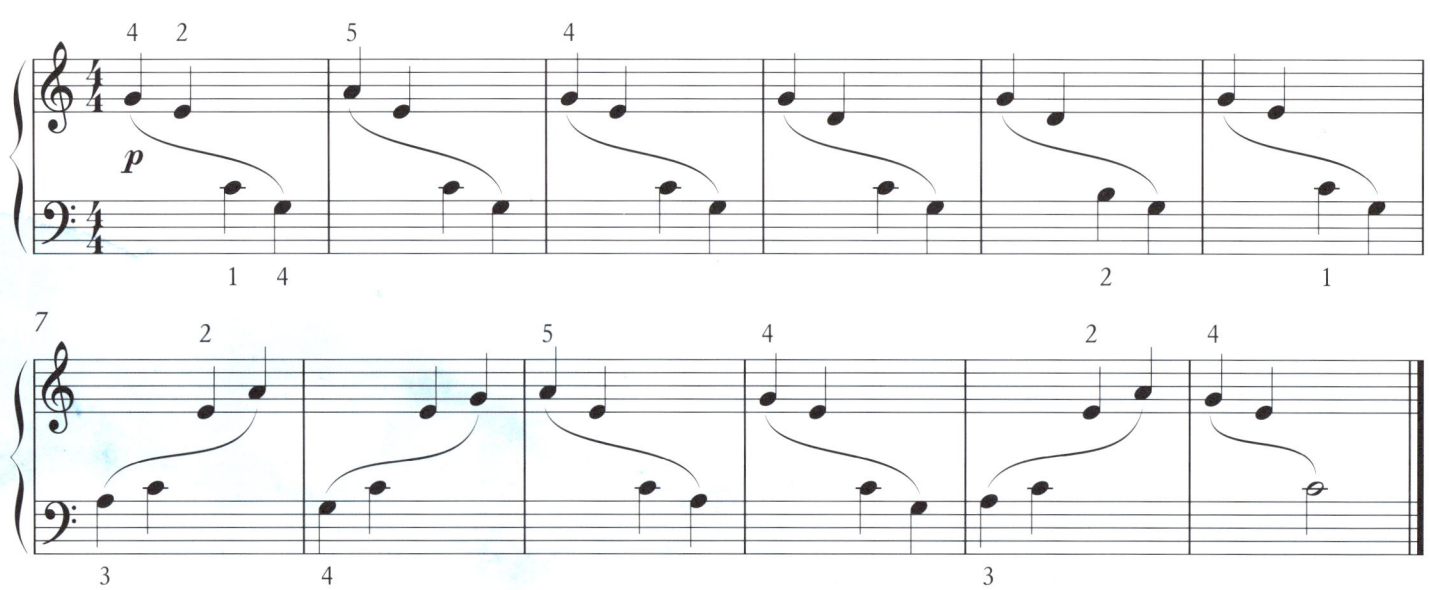

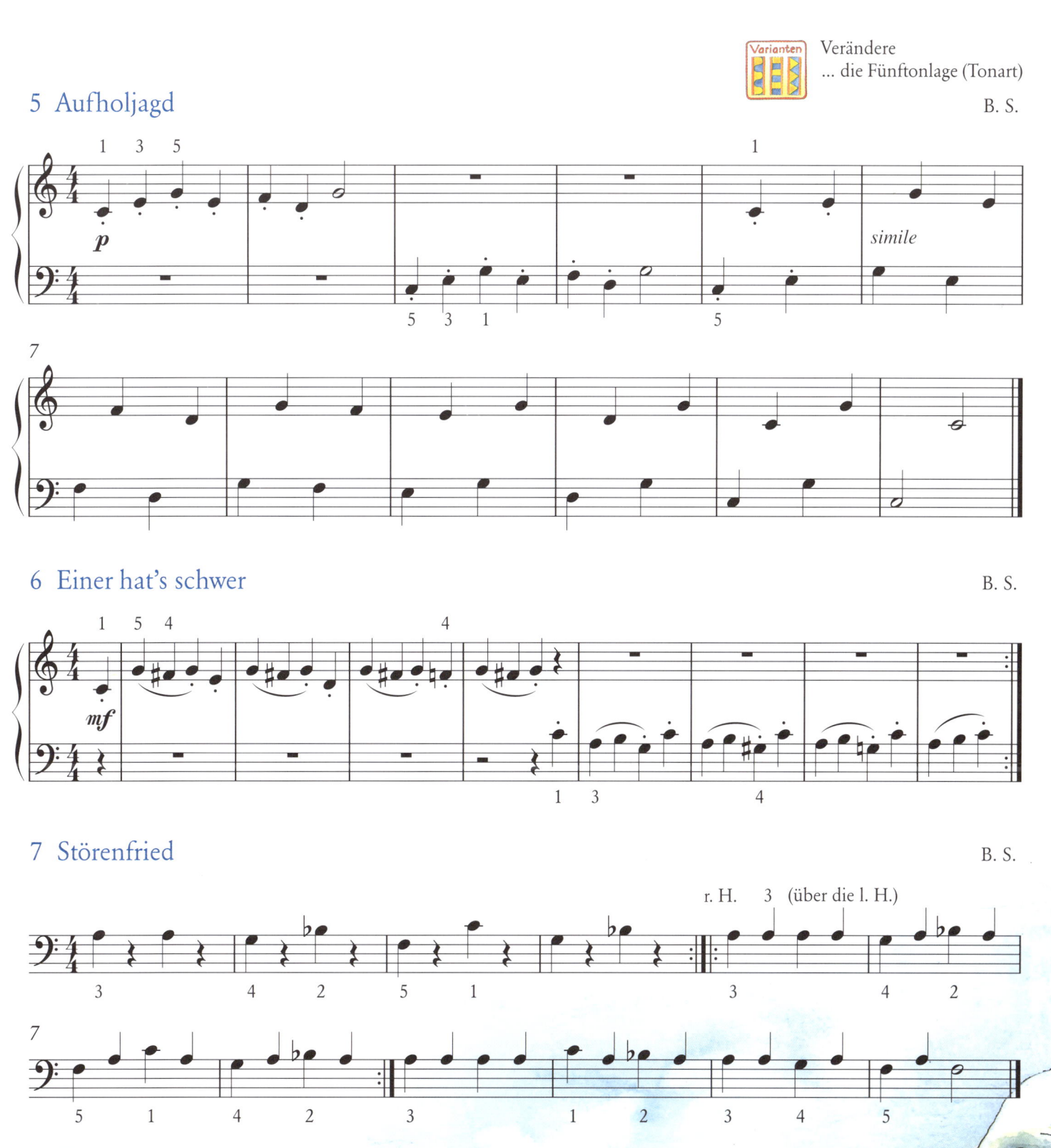

Varianten · Verändere
... die Fünftonlage (Tonart)

5 Aufholjagd
B. S.

6 Einer hat's schwer
B. S.

7 Störenfried
B. S.

Verändere
... die Fünftonlage (Tonart)

8 Konzert für die Linke

B. S.

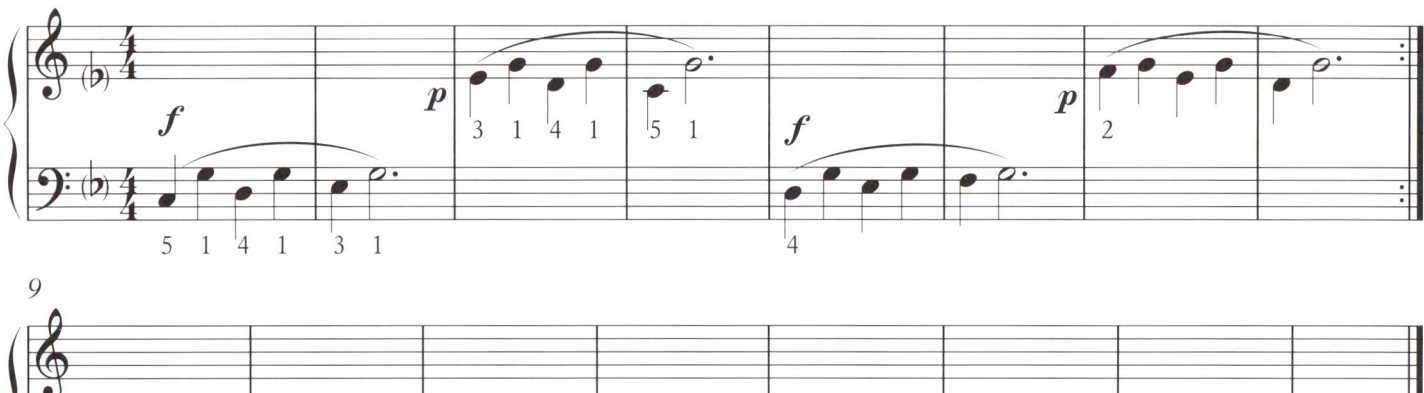

9 Heulender Wind

B. S.

Versuche, mit deiner l. H. spiegelbildlich zur r. H. zu spielen.

3 Doppelgriffe

(Sekunden, Terzen, Quarten, Quinten, Sexten)

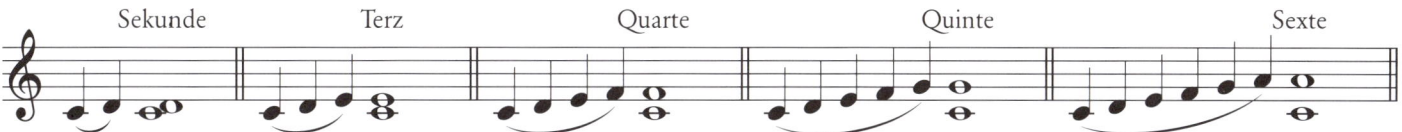

Sekunde   Terz   Quarte   Quinte   Sexte

Übungen

Spiele alle Übungen auch jeweils mit der anderen (nicht notierten) Hand, und zwar eine Oktave höher bzw. tiefer.

TIPP Achte darauf, dass du deinen Arm in einer ruhigen, gleichmäßigen Bewegung und mit unverändertem Fingergriff von Intervall zu Intervall führst.

Varianten Verändere
... die Intervalle (s. u.)
... die Dynamik
... die Artikulation
... das Tempo

Arm:

1

2

3

Spiele die Übungen 1 und 3 auch mit diesen Intervallen:

TIPP Stell dir ein Intervall vor: Fühlst du mit geschlossenen Augen, wie groß dein Fingergriff sein muss?

Etüden

1 Kleines Känguru

B. S.

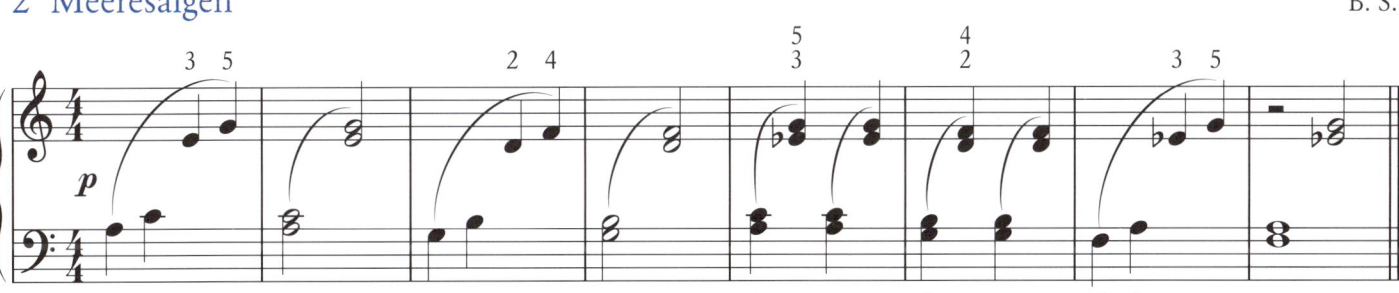

2 Meeresalgen

B. S.

3 Kurze Unterhaltung

B. S.

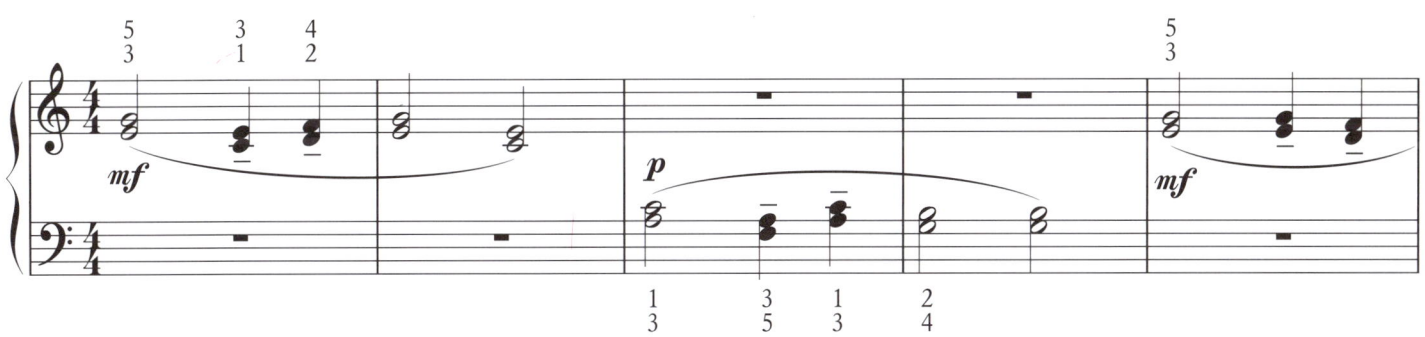

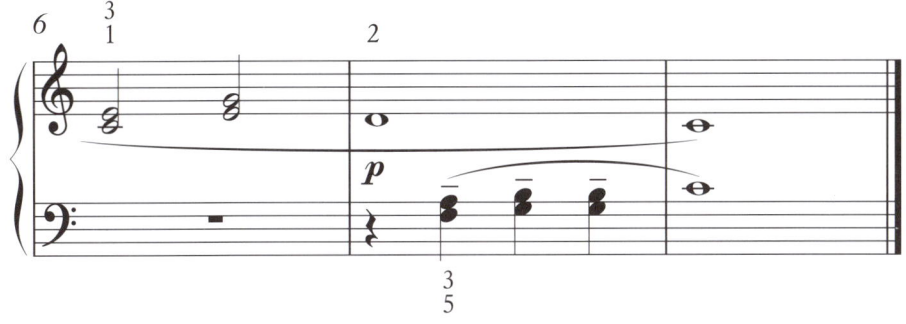

TIPP Achte darauf, dass sich dein Arm ruhig und ohne unnötige Bewegungen zwischen den Anschlägen in die Tasten senkt.

4 Endspurt

B. S.

5 Kuckuck im Wald

nach Carl Czerny (1791–1857)

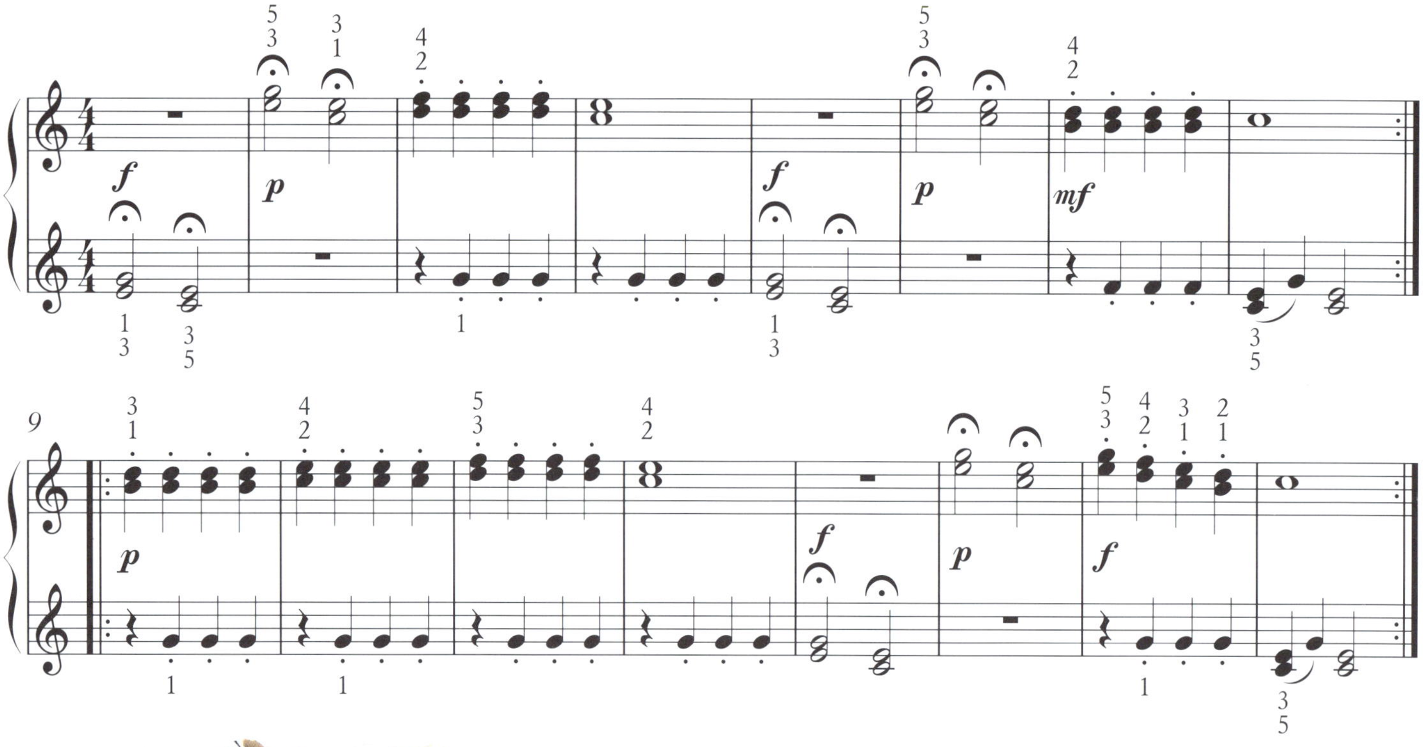

6 Aufforderung

B. S.

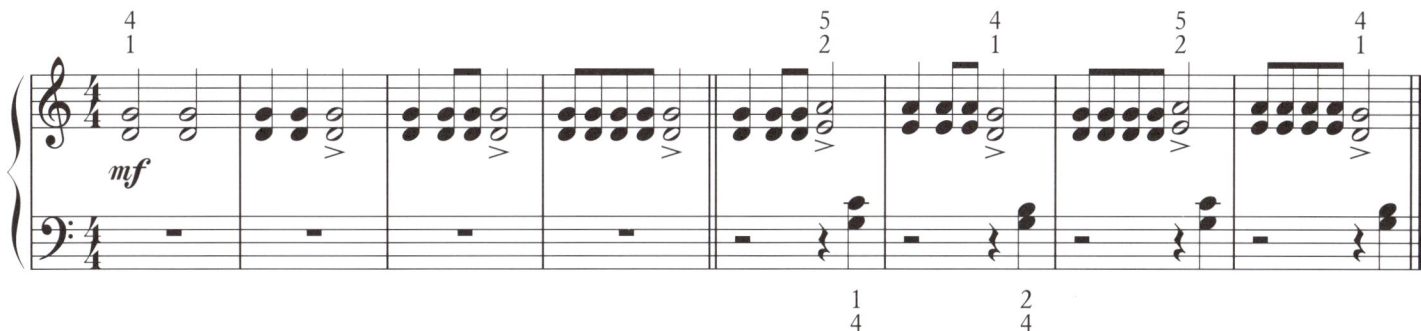

 TIPP Übe schon im langsamen Tempo, den Fingergriff umzustellen, *während* du deine Hand von einem zum anderen Intervall bewegst.

 Verändere ... die Fünftonlage (Tonart)

7 Einsam

B. S.

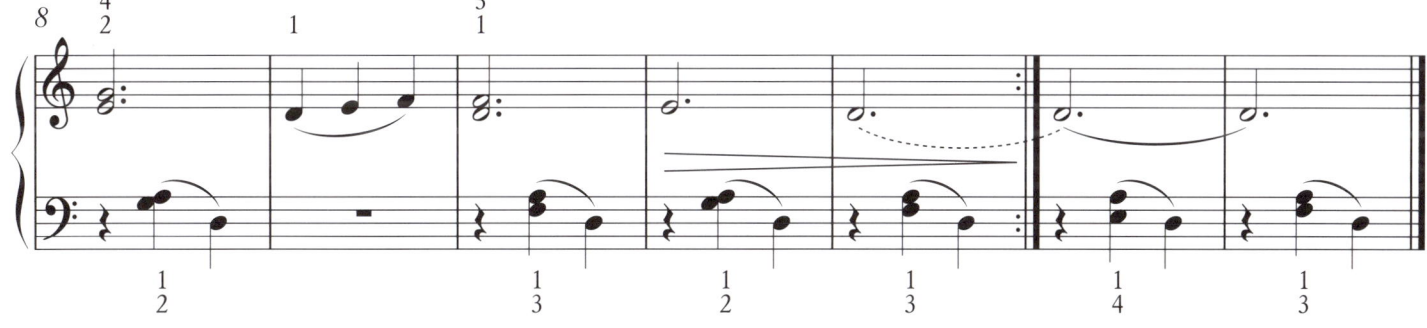

8 Indianer

B. S.

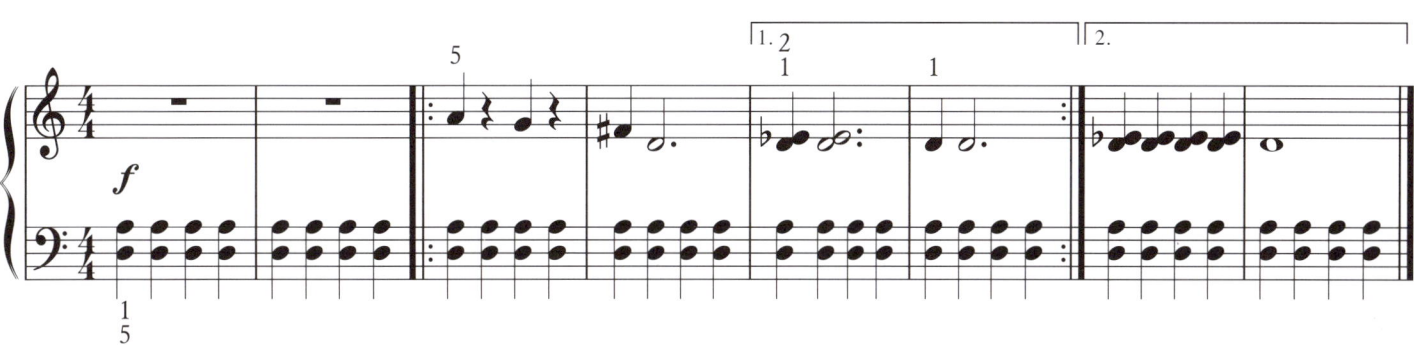

9 Glocken

B. S.

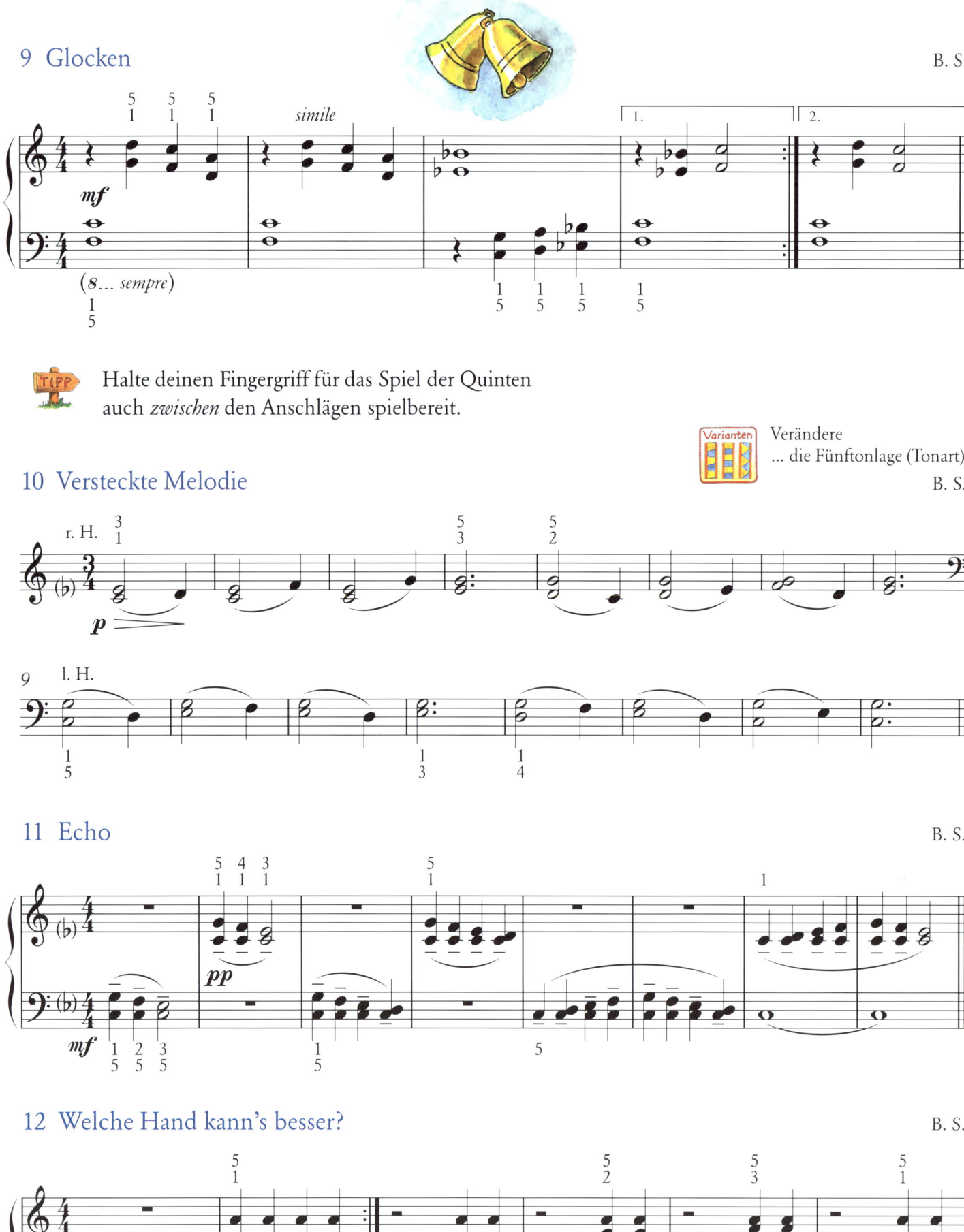

> **TIPP** Halte deinen Fingergriff für das Spiel der Quinten auch *zwischen* den Anschlägen spielbereit.

Varianten Verändere
... die Fünftonlage (Tonart)

10 Versteckte Melodie

B. S.

11 Echo

B. S.

12 Welche Hand kann's besser?

B. S.

 Versuche, die Doppelgriffe aus dem Unterarm zu spielen. Geht das schneller?

13 Einfach ein Boogie

B. S.

14 Walzer mit Sexten

B. S.

4 Unabhängige Hände

Übungen (Bewegungsspiele)

1. Kannst du entsprechend der hier dargestellten Rhythmusscheibe verschiedene Rhythmen zum Grundschlag (Metrum) ausführen? Klopfe mit deinem Fuß den Grundschlag in ♩ und klatsche jeweils andere Notenwerte dazu. Du kannst auch mit einer Hand den Grundschlag und mit der anderen Hand die verschiedenen Notenwerte klopfen. Sprich dazu auch die Rhythmussilben.*

2. In den Übungen 1–3 führen deine Hände unterschiedliche Bewegungen gleichzeitig aus. Denke dir auch andere Spielarten deiner Hände aus, in denen sie ihre Unabhängigkeit voneinander üben können – nicht unbedingt nur am Klavier.

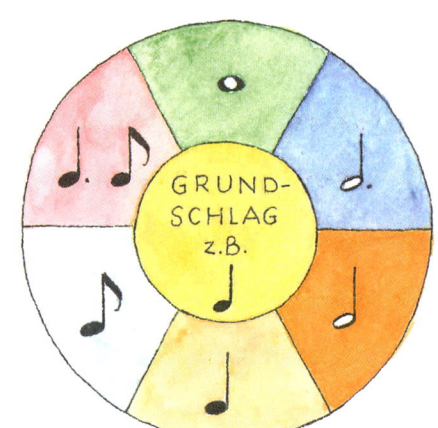

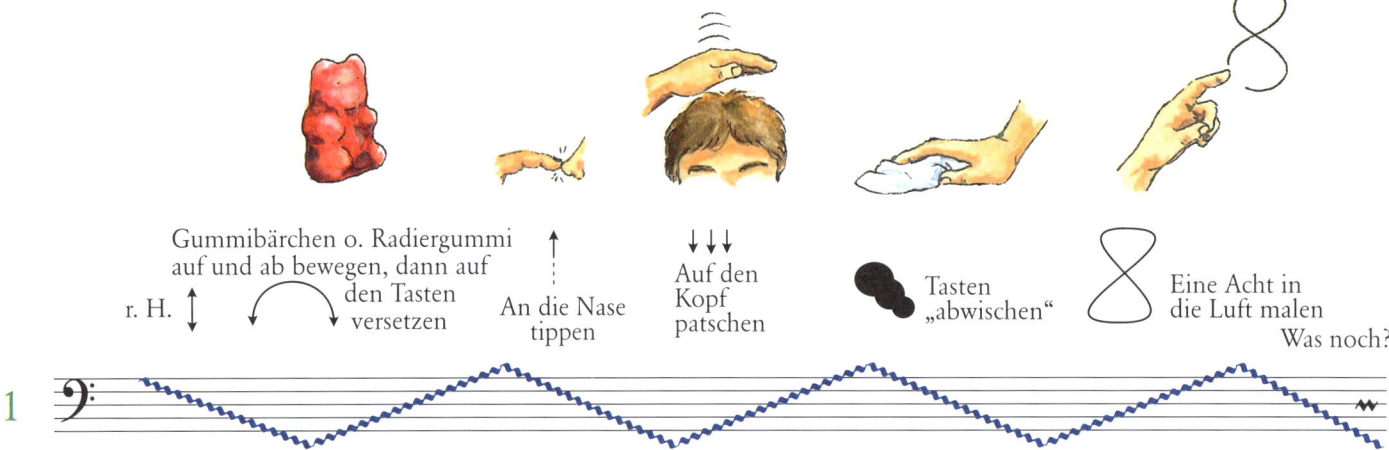

Gummibärchen o. Radiergummi auf und ab bewegen, dann auf den Tasten versetzen — r. H.

An die Nase tippen

Auf den Kopf patschen

Tasten „abwischen"

Eine Acht in die Luft malen — Was noch?

1 — l. H. Stummes Glissando mit flacher Hand

2 — Stummes Glissando mit flacher Hand

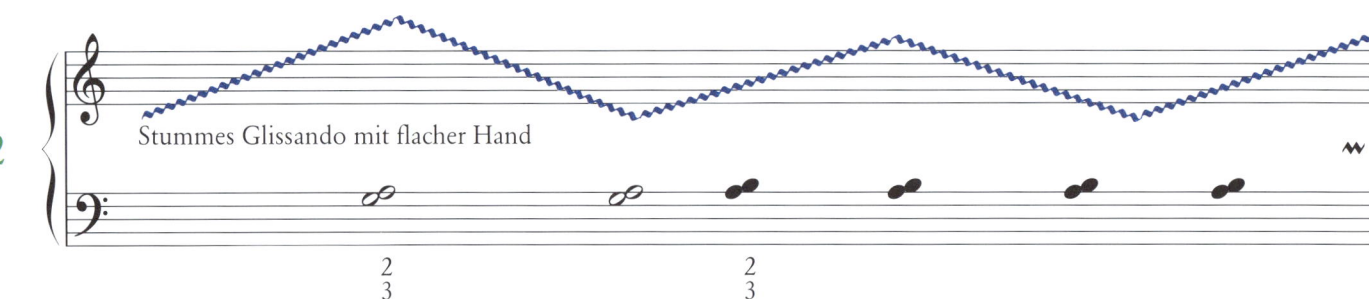

3

l. H.: Mit den Fingern schnipsen – über die r. H. kreuzen – hohe/tiefe Töne spielen … Was noch?

*𝅝 = ta_a_a_a, 𝅗𝅥. = ta_a_a, 𝅗𝅥 = ta_a, ♩ = ta, ♪ = ti, ♩♫ (♩. ♪)
ta_i ti

Breitkopf EB 8821

1 Bewegungsrichtung

Seitenbewegung
(Eine Hand bewegt sich, die andere steht still.)

Verändere
... die Fünftonlage (Tonart)
... das Tempo
... die Dynamik

Übungen

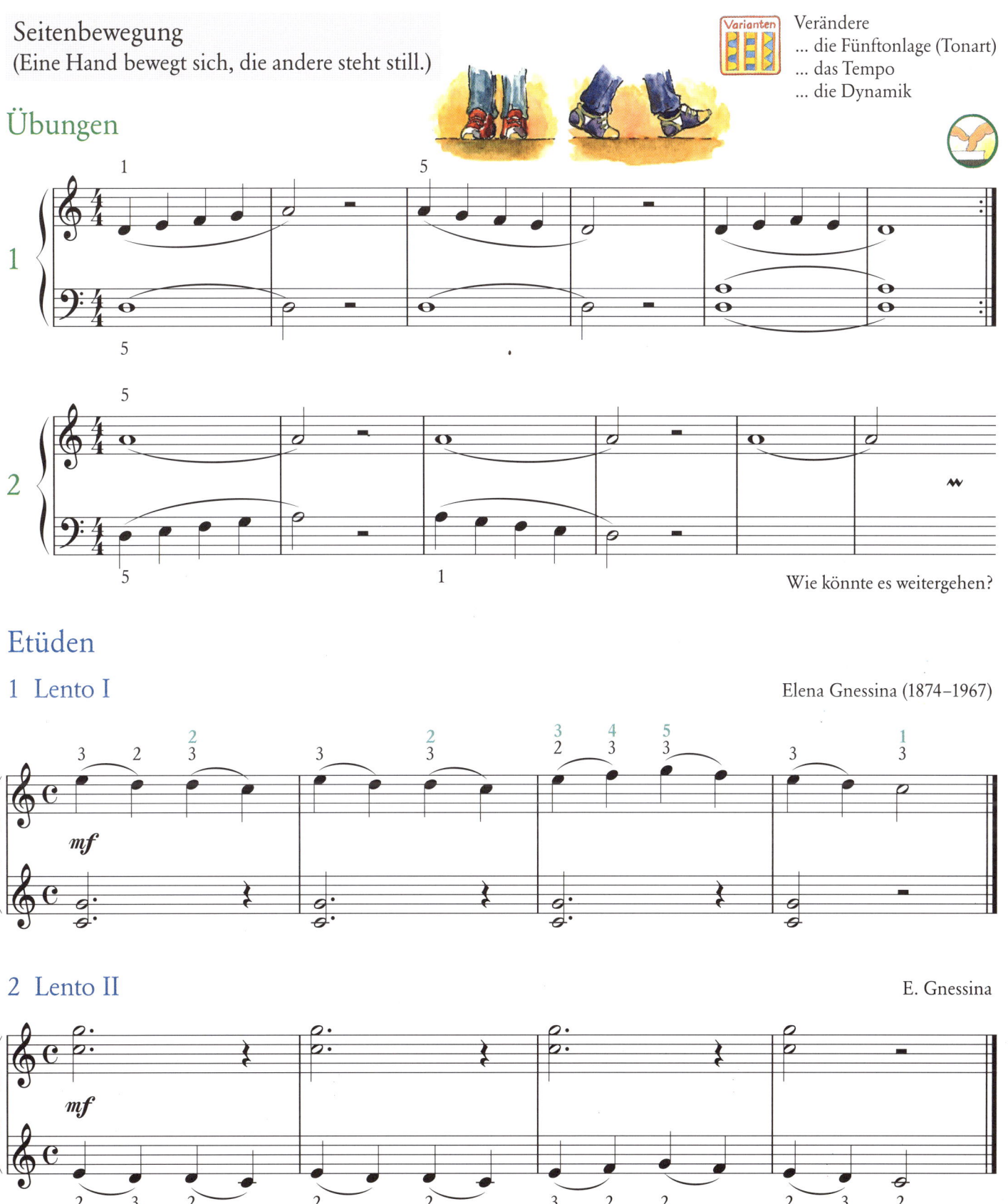

Wie könnte es weitergehen?

Etüden

1 Lento I

Elena Gnessina (1874–1967)

2 Lento II

E. Gnessina

Breitkopf EB 8821

Gegenbewegung
(Die Hände bewegen sich in entgegengesetzter Richtung.)

Übungen

Setze die Tonfolgen in Übung 1 fort, indem du die Töne
innerhalb der Fünftonlage in anderen Reihenfolgen spielst.

Verändere
... die Fünftonlage
... die Dynamik
... das Tempo

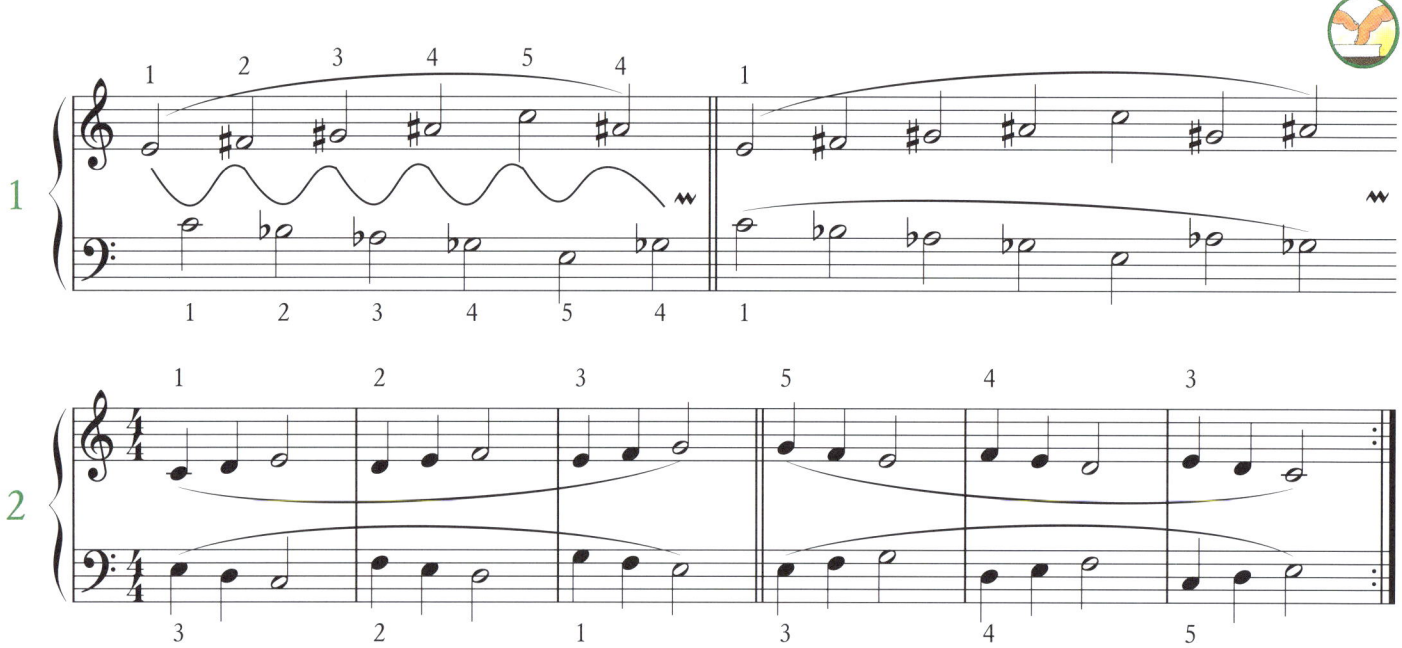

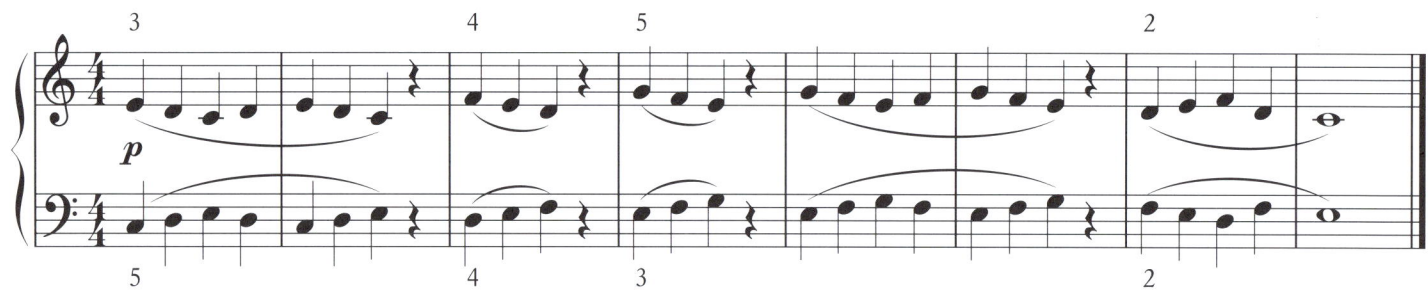

Etüden

1 Aufeinander zu und voneinander weg

B. S.

2 Der Zwerg

Alec Rowley (1892–1958)

Abdruck mit freundlicher Genehmigung von C. F. Peters Musikverlag Leipzig, London, New York

Parallelbewegung
(Beide Hände bewegen sich in dieselbe Richtung
und im gleichen Abstand zueinander.)

 Verändere
... die Fünftonlage (Tonart)
... die Dynamik
... das Tempo

Übungen

Setze die Tonfolgen fort, indem du die Töne innerhalb
der Fünftonlage in anderen Reihenfolgen spielst.

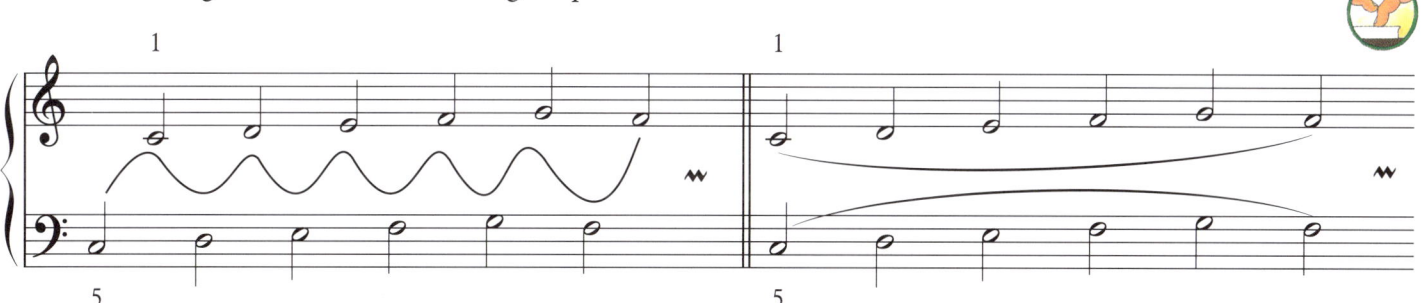

Etüden

1 Melodie all' unisono

Béla Bartók (1881–1945)
aus: „Mikrokosmos" Heft 1

 Kennst du ein Lied im Fünftonraum? Spiele es mit beiden Händen unisono.

2 Mehr oder weniger beieinander

B. S.

Gemischte Bewegungsrichtungen

Übungen

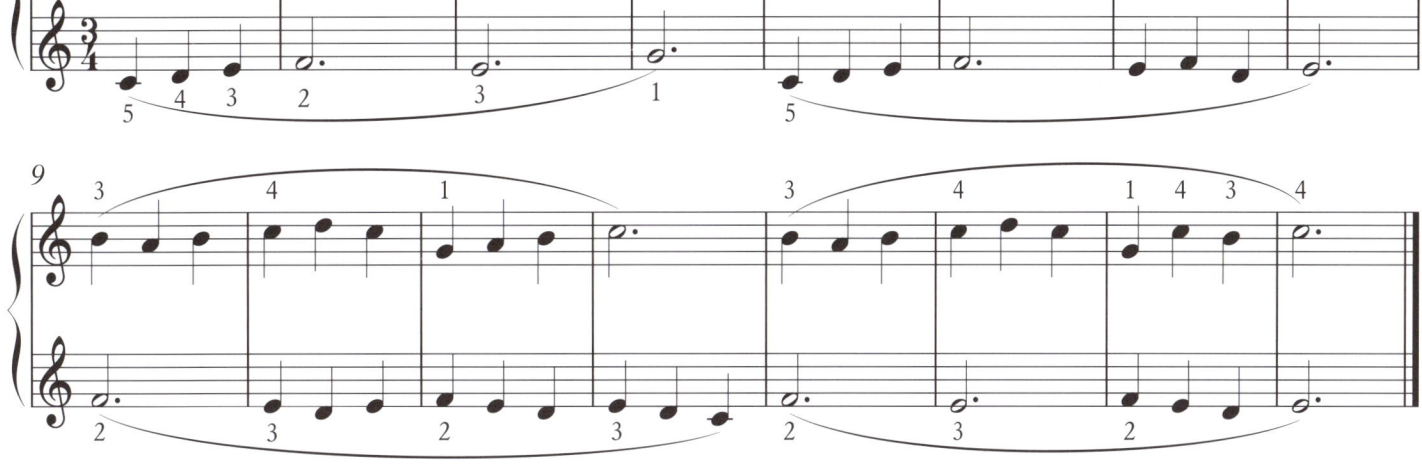

Varianten Verändere
... die Fünftonlage (Tonart)
... die Dynamik
... den Rhythmus
... das Tempo

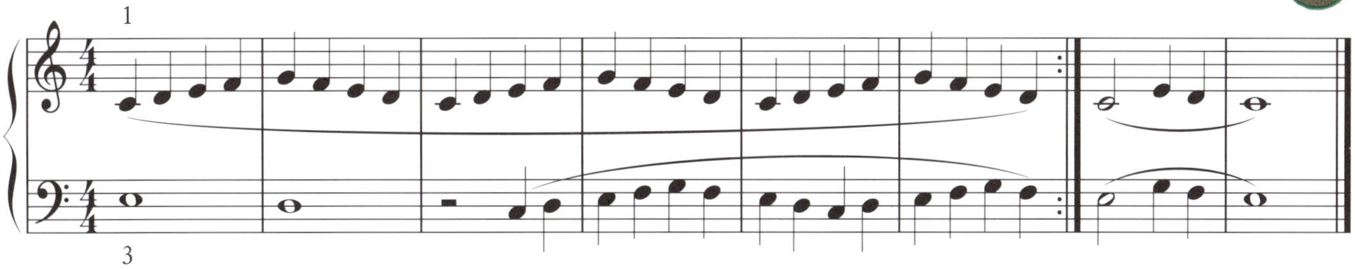

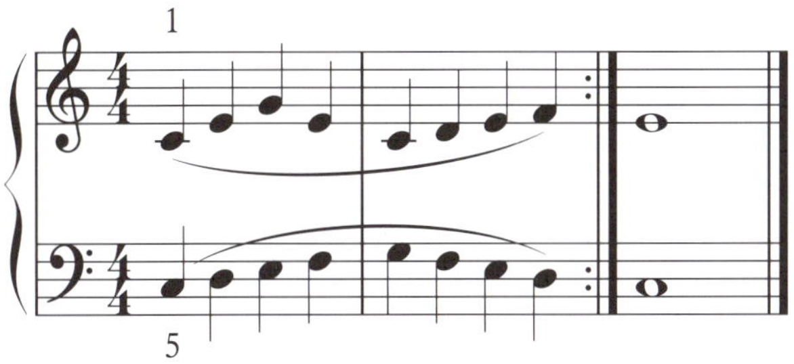

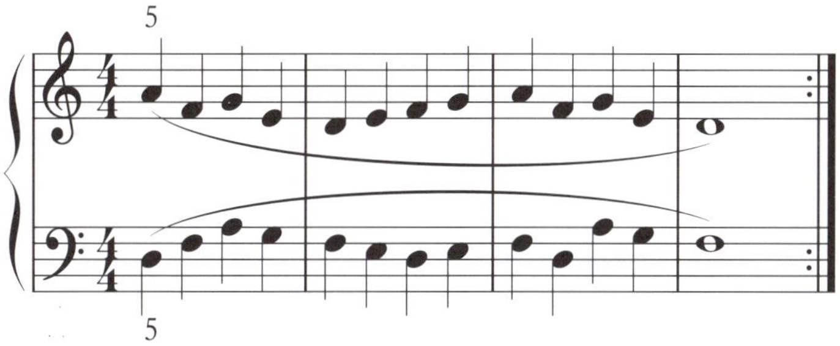

Erfinde eine andere Fünffingerübung,
vielleicht einen anderen Drehwurm:

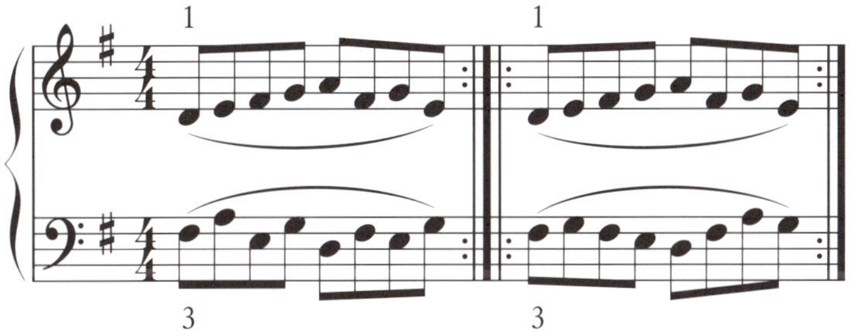

Etüde

Allegretto

Cornelius Gurlitt (1820–1901)

2 Artikulation

(Eine Hand spielt legato, die andere staccato)

Übungen

Verändere
... das Tempo
... die Fünftonlage (Tonart)

1. ⨉ bedeutet: Spiele stumm, berühre also nur (kurz) die
   Tastenoberfläche. Führe die Bewegung deutlich spürbar
   und sichtbar aus dem Arm heraus.
2. Spiele die Übungen 1–4 auch in umgekehrter Weise,
   sodass deine l. H. legato, deine r. H. staccato oder stumm
   spielt. In den Übungen 2 und 3 müssen beide Hände
   außerdem ihre Stimmen tauschen.
3. Wiederhole die Übungen 2–4: Spiele diesmal alle ⨉-Noten
   als normale Töne und deutlich hörbar staccato!

1

2
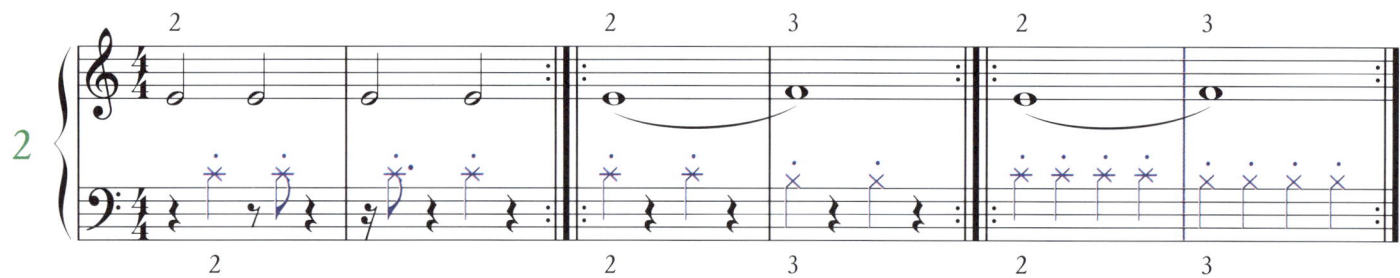

3
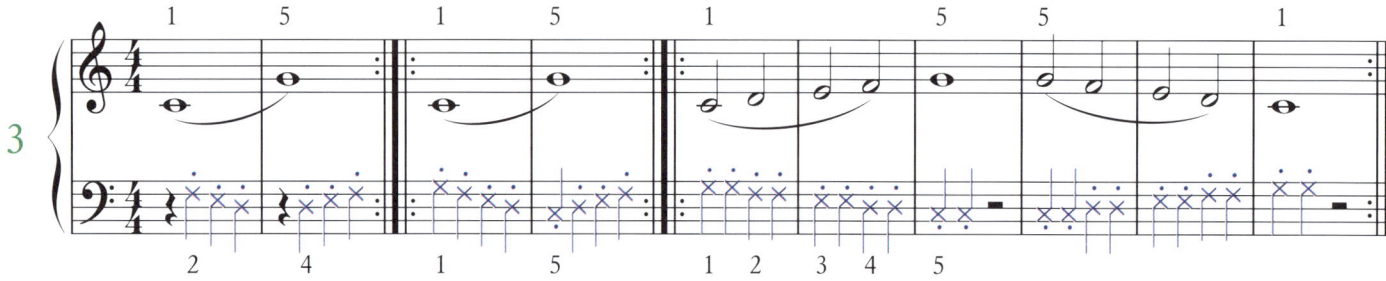

4
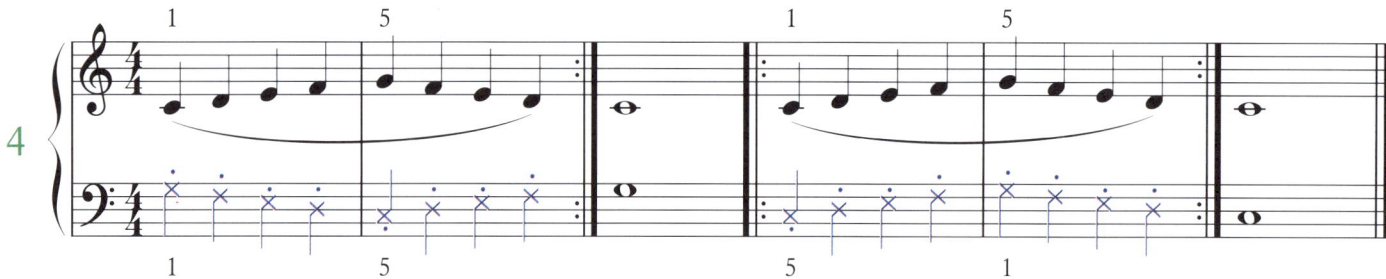

TIPP Berühre zwischen den Staccato-Anschlägen kurz deine Nase – das übt die Unabhängigkeit deiner Hände voneinander.

Etüden

1 Der Hufschmied

B. S.

2 Regen

B. S.

(stumm)

Wie könnte es weitergehen?

3 Was tickt da?

B. S.

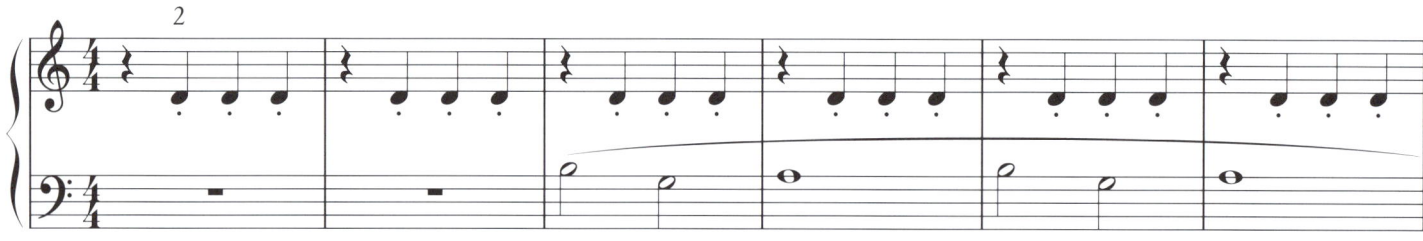

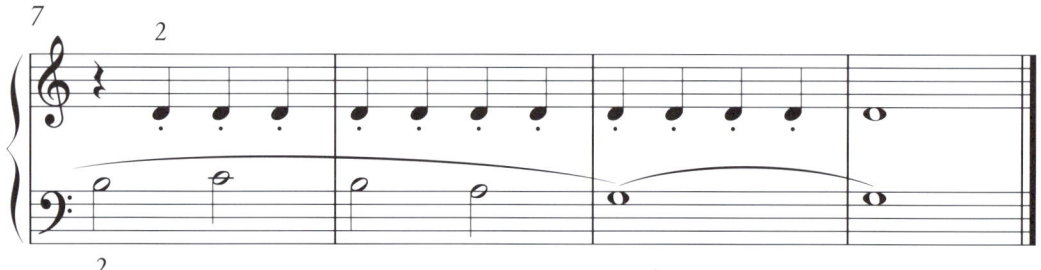

 Kannst du ein dir bekanntes Lied mit beiden Händen im Oktavabstand (also parallel) spielen? Die eine Hand soll ihre Stimme legato, die andere im Staccato ausführen.

4 Abschied

B. S.

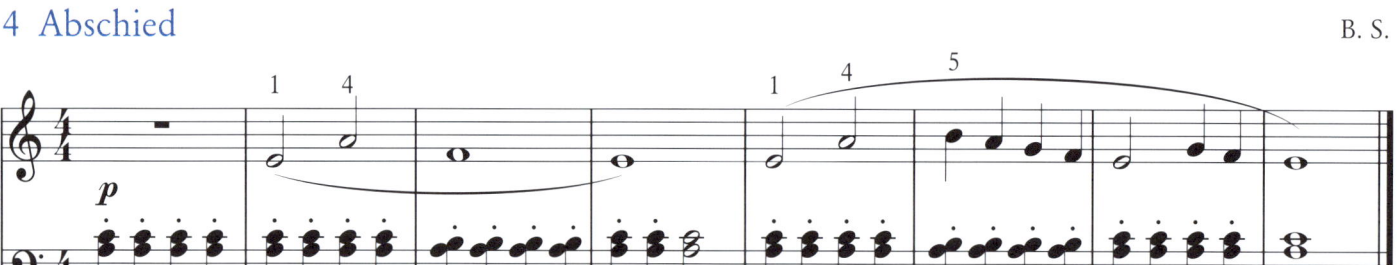

5 Hört mich niemand?

B. S.

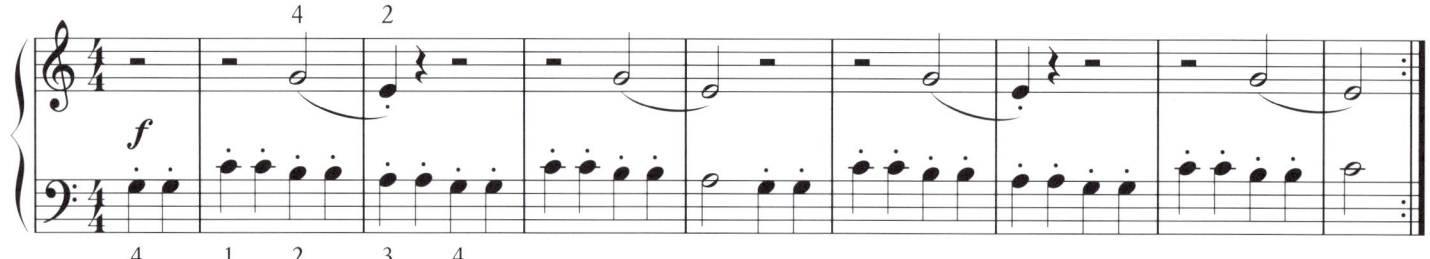

 Übertreibe die Anschlagsbewegungen für Legato und Staccato. So spürst du genauer den Bewegungsunterschied zwischen beiden Händen.

6 Der Schwan und die Ente

B. S.

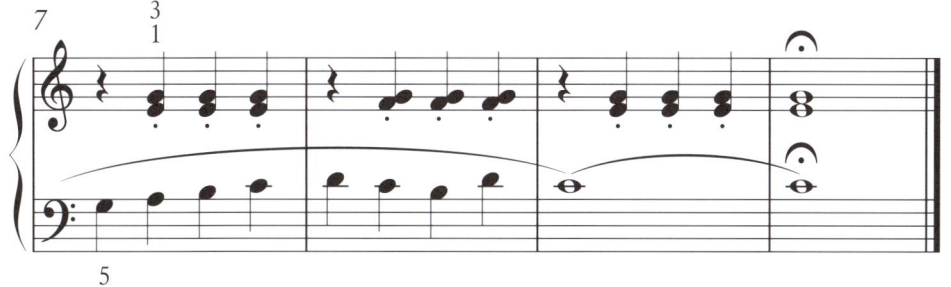

Varianten

Verändere in Etüde 7
... das Tempo
... die Fünftonlage (Tonart)

7 Moderato

C. Czerny

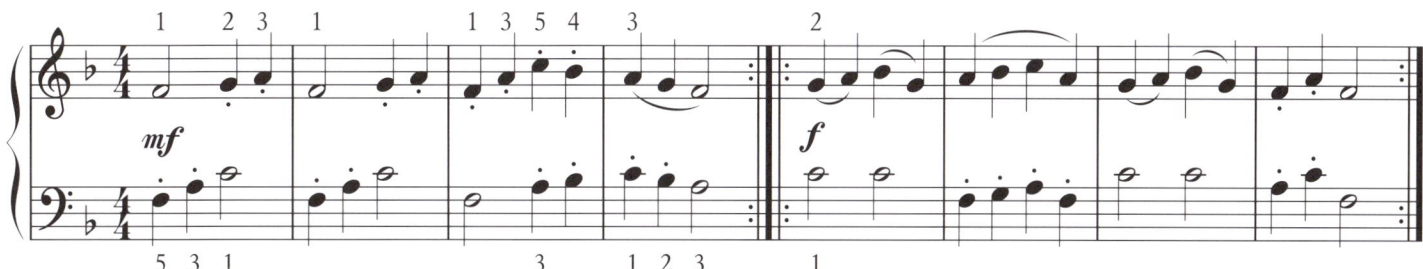

Breitkopf EB 8821

3 Rhythmus

(Rhythmische Unabhängigkeit der Hände in der Zweistimmigkeit)

Übungen

 Verändere
... die Dynamik
... die Tonart
... die Artikulation
... das Tempo

 Kannst du die Oberstimmen auch singen, während du mit deiner l. H. die Unterstimmen spielst?

1
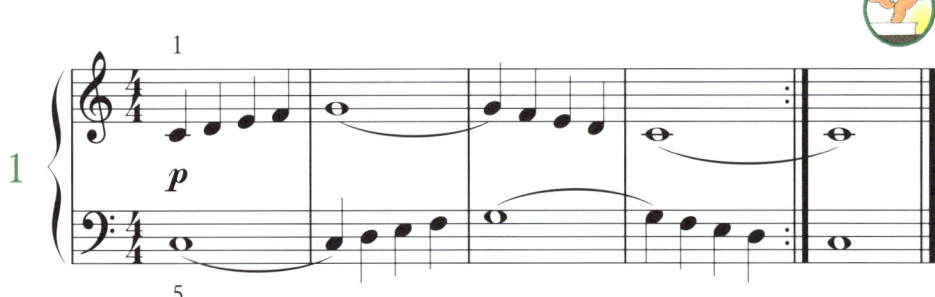

2
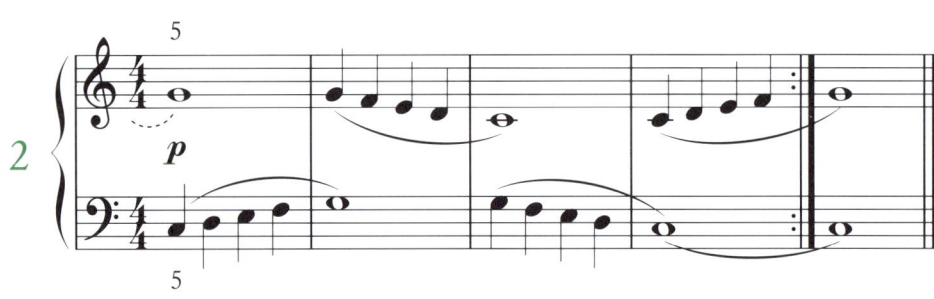

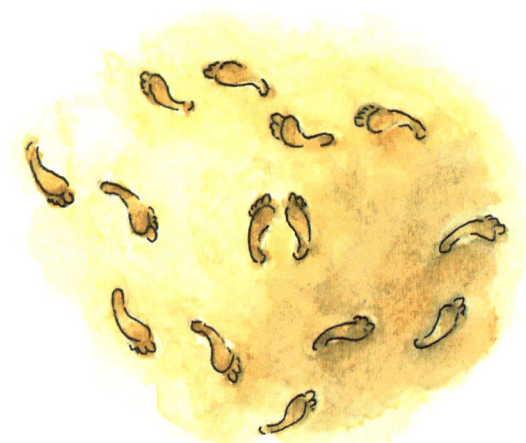

Etüden

1 Nachlaufen

B. S.

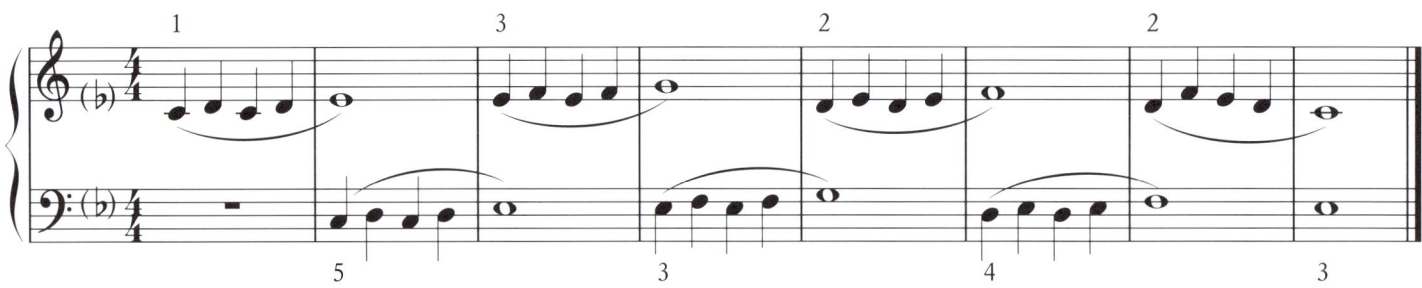

2 Moderato

Charles Dennée (1863–1946)

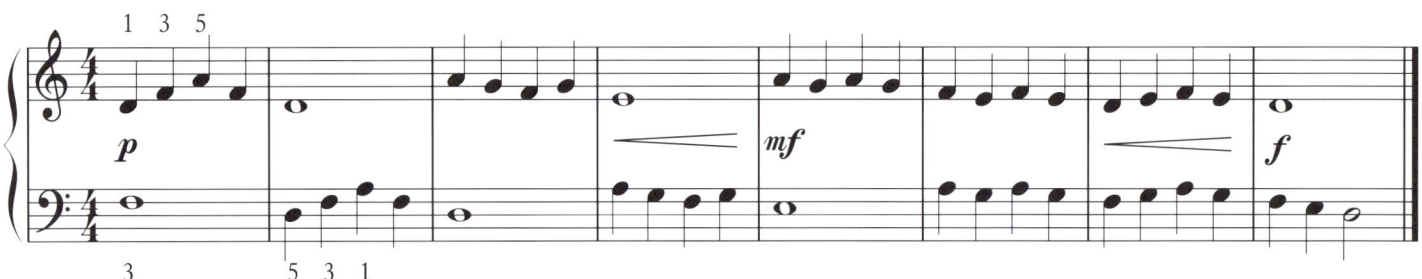

Abdruck mit freundlicher Genehmigung

Wenn du zuerst den Rhythmus der beiden
Stimmen einer Etüde mit deinen Händen
auf den Oberschenkeln patschst, fällt dir
anschließend das Spielen leichter.

 Verändere in den Etüden 3–7
... die Dynamik
... die Tonart
... die Artikulation
... das Tempo

3 Stolperstein

B. S.

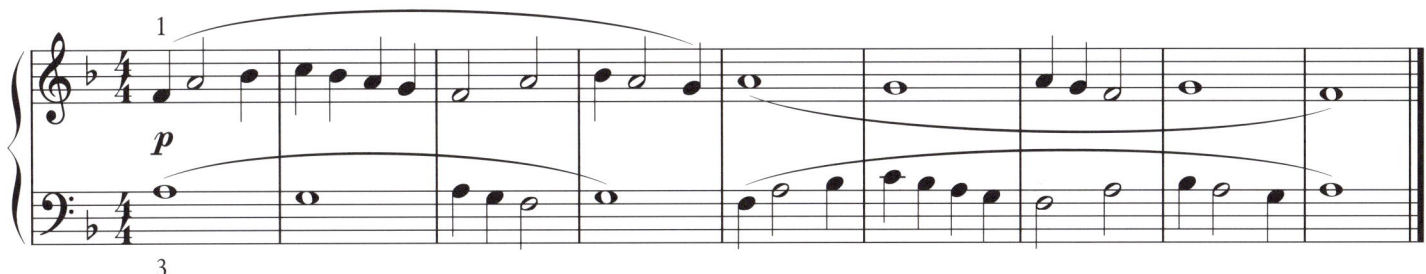

4 Fing mir eine Mücke heut'

deutscher Text: Hedwig Lüdecke
Melodie: aus Ungarn*
Kanon: B. S.

Fing mir ei - ne Mü - cke heut, grö - ßer als ein Pferd wohl. Wer dies glaubt, ein E - sel ist,

Fing mir …

grö - ßer als ein Pferd wohl! Wer dies glaubt, ein E - sel ist, grö - ßer als ein Pferd wohl!

* aufgezeichnet von Béla Bartók

 Stell dir vor, dein Finger würde beim Anschlag
der Taste eine Spiralfeder hinunterdrücken:
Wie klingt dein Ton, und was spürst du?

5　Gemeinsam unterwegs

Ferdinand Beyer (1803–1863)
Titel: B. S.

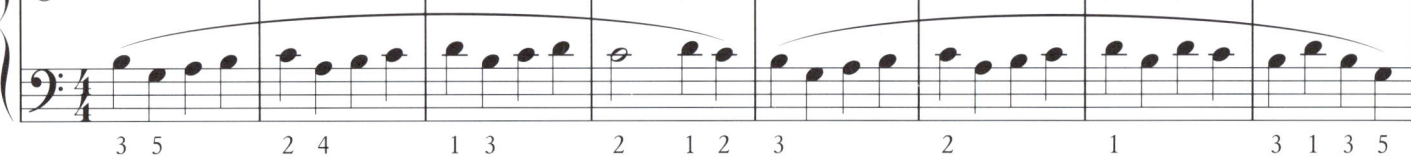

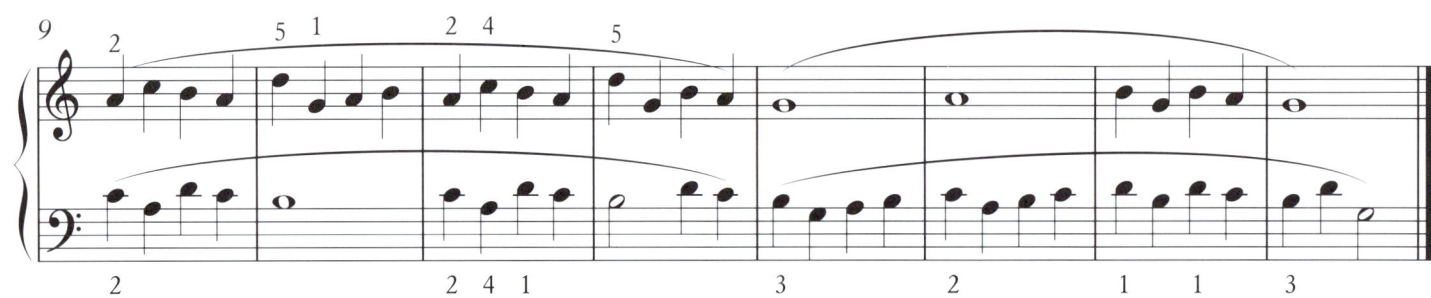

 Versuche, eine Etüde auch stumm auf dem
Tastendeckel oder einem Tisch zu spielen.

6　Eine wie die andere

B. S.

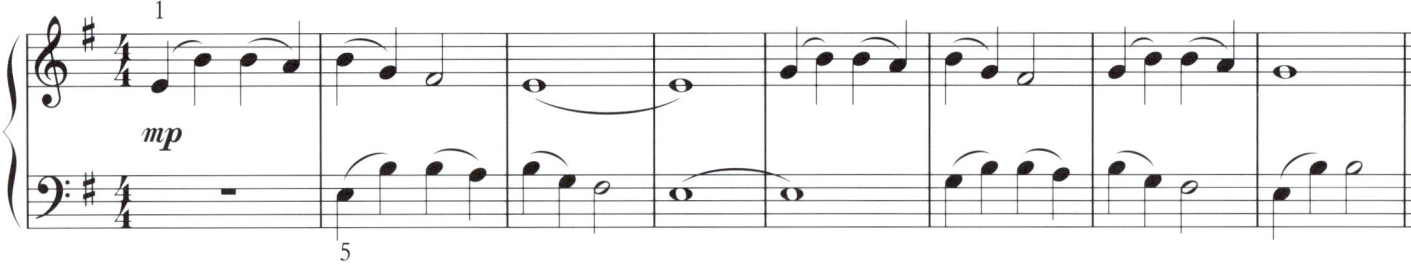

7　Kurze Unterhaltung

B. S.

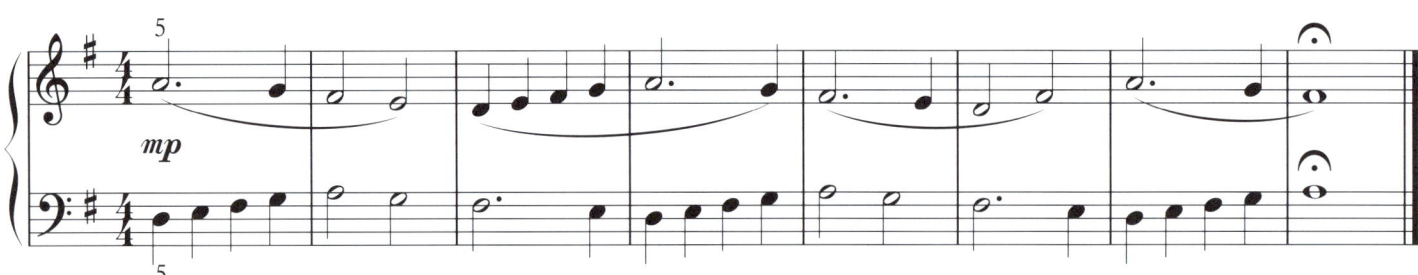

8 Traurig hinterher

B. S.

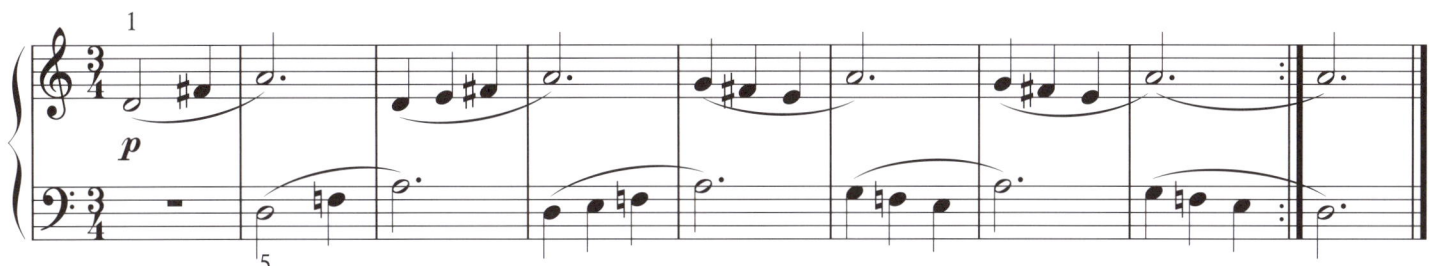

 TIPP Übe immer wieder einmal im Zeitlupentempo. Spiele dabei sehr deutlich und energisch.

9 Kanon

Martin Frey (1872–1946)
aus: „Schule des polyphonen Spiels" Heft 1

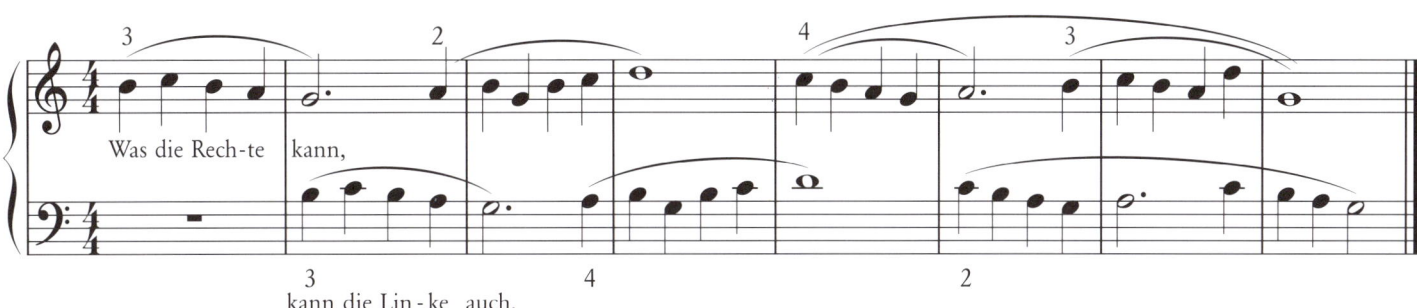

Was die Rech-te kann,
kann die Lin - ke auch.

© Steingräber Verlag

10 Zwiegespräch

B. Bartók
aus: „Mikrokosmos" Heft 1

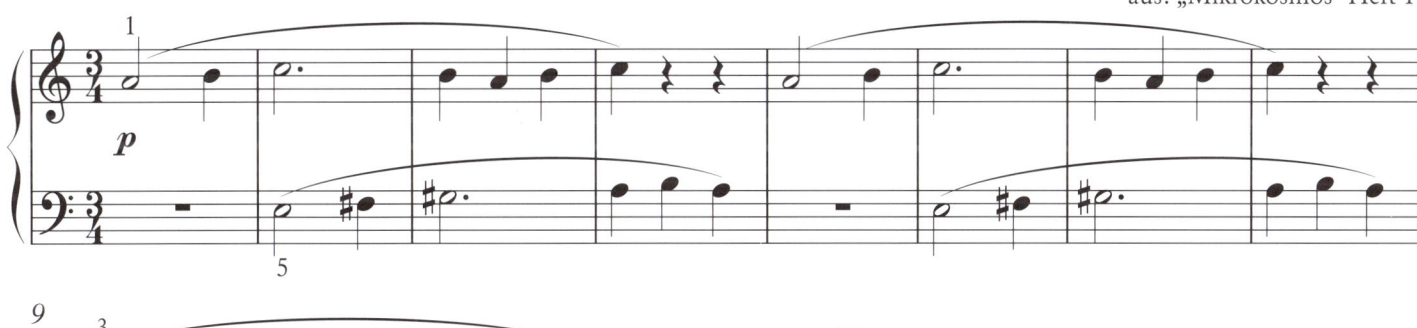

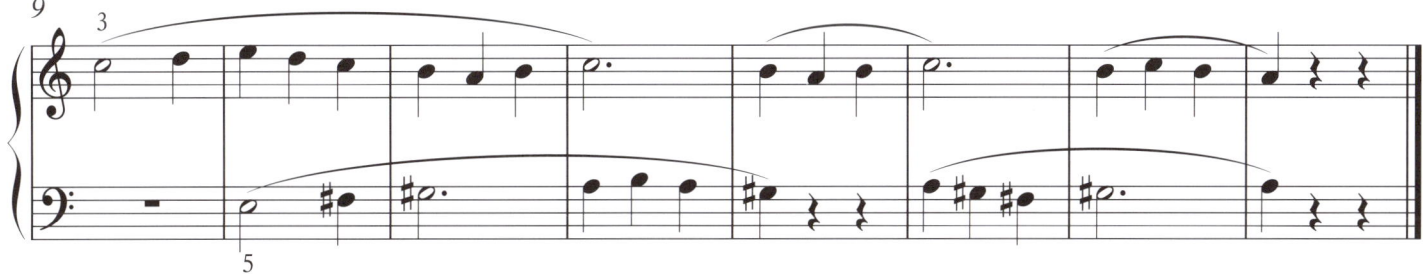

11 Menuett

James Hook (1742–1827)
gekürzt

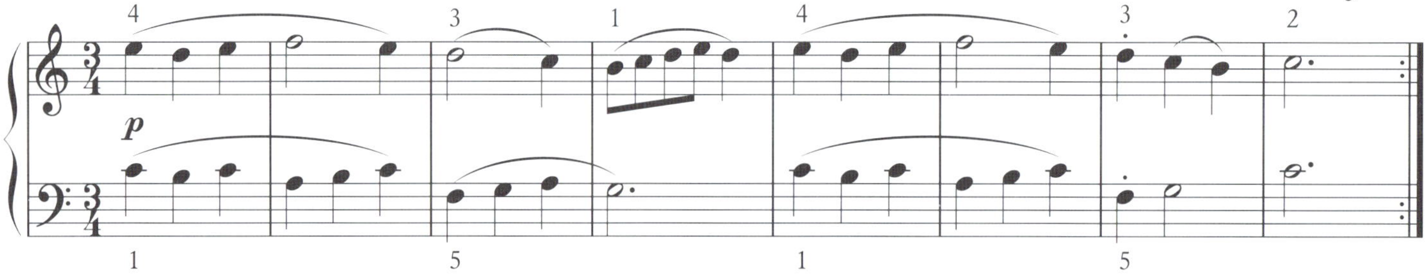

12 Allegretto leggiero

Pál Kadosa (1903–1983)
aus: „Repertoire" Heft 1

© Copyright 1999 by Editio Musica Budapest

4 Dynamik

(Dynamische Unabhängigkeit der Hände)

Übungen

1. ♩ bedeutet: Spiele stumm, ■ bedeutet: Klangtraube
2. Spiele in den Übungen 2–6 im zweiten Durchgang alle ♩-Noten hörbar, und zwar **pp** (legato).
3. Spiele die Übungen 4–6 auch in umgekehrter Weise, sodass deine l. H. mit ihren Tönen **mf** (**mp**),
   deine r. H. mit ihren Tönen stumm (später **pp**) spielt.
4. Wiederhole auch die Etüden des Kapitels 4.2 (Artikulation): Spiele nun dort die Legato-Stimme z. B. **mf**,
   die Staccato-Stimme **pp**.

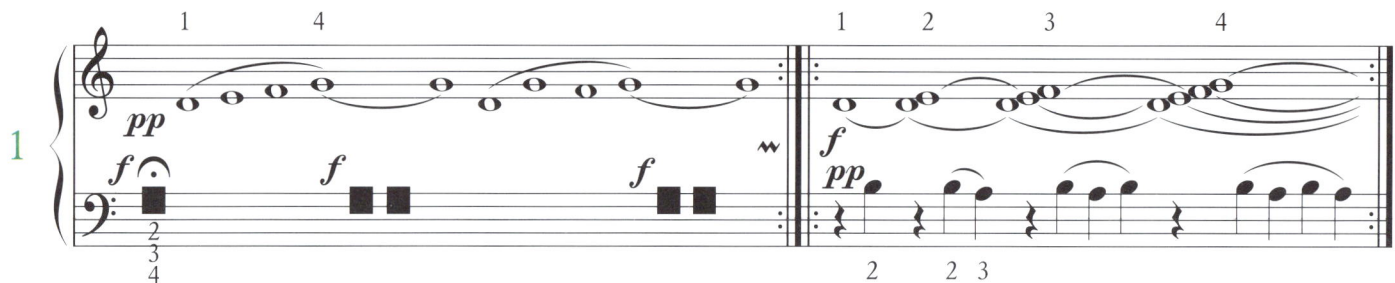

Etüden

1 Puppentanz

Gérard Meunier (*1928)
gekürzt

© Copyright by Editions Henry Lemoine. All rights reserved, reproduced with the publisher's authorization.

 Übe die jeweils leise zu spielende Begleitstimme zunächst stumm zur Hauptstimme.

2 Bootsfahrt

B. S.

3 Licht und Schatten

B. S.

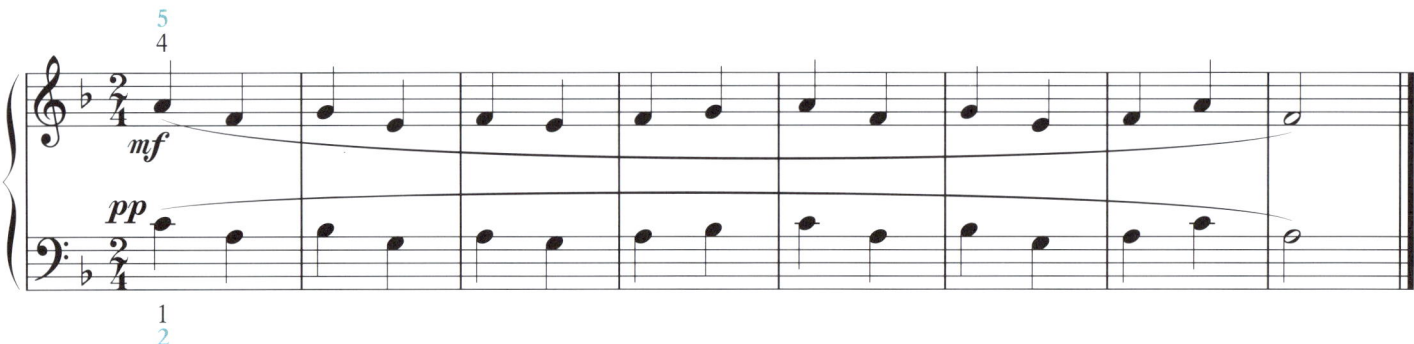

4 Traurig zu zweit
B. S.

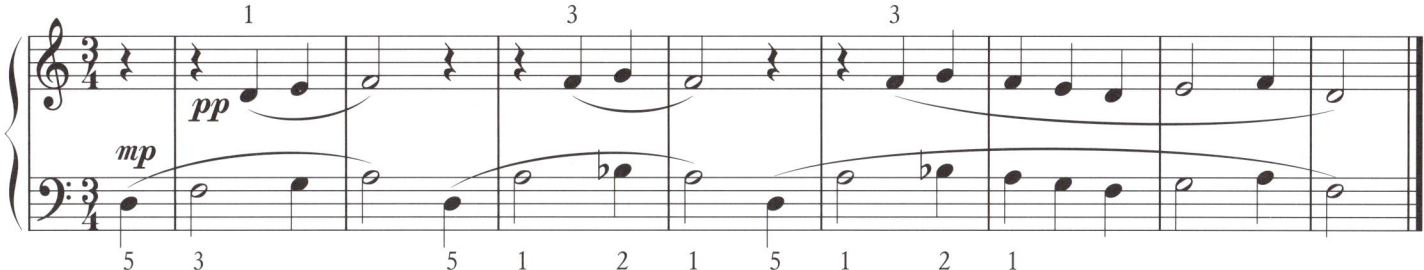

5 In der Hängematte
B. S.

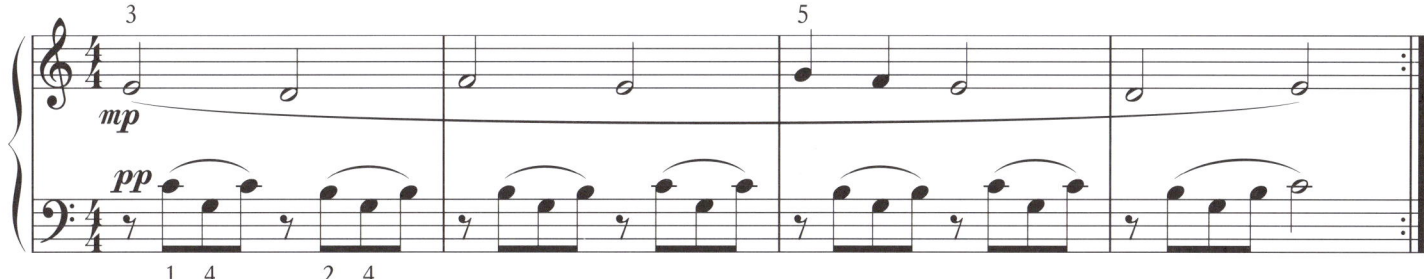

 Stell dir vor: Die Finger, mit denen du die ausdrucksvolle Melodiestimme spielst, gehen wie ein Elefant auf nassem Sand und hinterlassen dort einen deutlichen Abdruck.
Die Finger der anderen Hand, die ihre zarte Begleitstimme spielen, sind leicht wie eine kleine Maus oder ein Vogel und spielen nur an der Oberfläche der Tasten. Ihre Abdrücke sind kaum zu erkennen.

6 Frühling
B. S.

7 Die Quelle

Ingeborg Kaiser (*1950)
aus: U. Molsen, M. Leihenseder, G. Stenger-Stein:
„Klavierschule 2000"

© 1998 by Heinrichshofen's Verlag, Wilhelmshaven

8 Übertönt!

B. S.

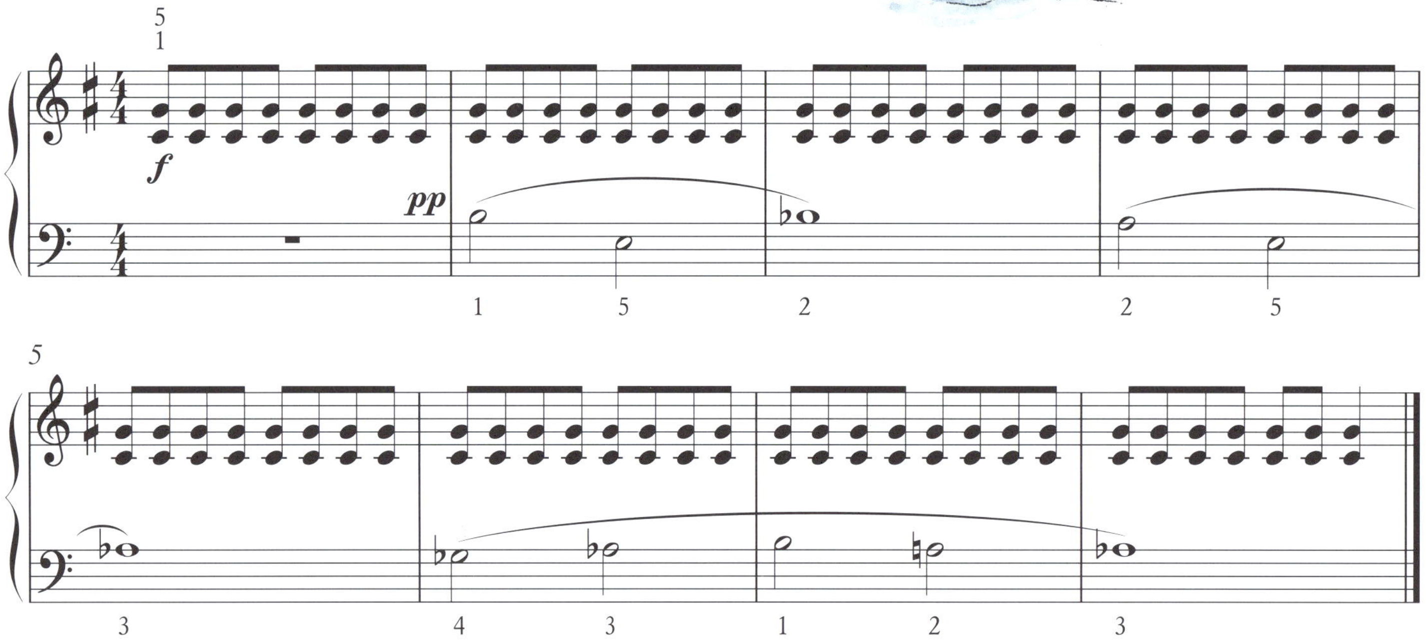

TIPP Schaffst du es, eine schwierige Stelle, etwa einen Takt oder einen längeren Abschnitt, *fünfmal hintereinander ohne Fehler* und mit schönem Ton zu spielen?

Lauter werden (*crescendo,* ◁—) – Leiser werden (*decrescendo,* —▷)

Übungen

1. Spiele die Hauptstimme der Übung 2 zunächst einzeln.

2. Spiele diese Übung auch in umgekehrter Weise, sodass Haupt- und Begleitstimme jeweils in die andere Hand wechseln.

Singe (crescendo) mit, wenn du ein Crescendo mit deinen Tönen gestalten möchtest. Wenn du dir vorstellst, dass jeder Ton nach dem Anschlag weiter anschwillt, klingt die Crescendo-Tonfolge sehr lebendig.

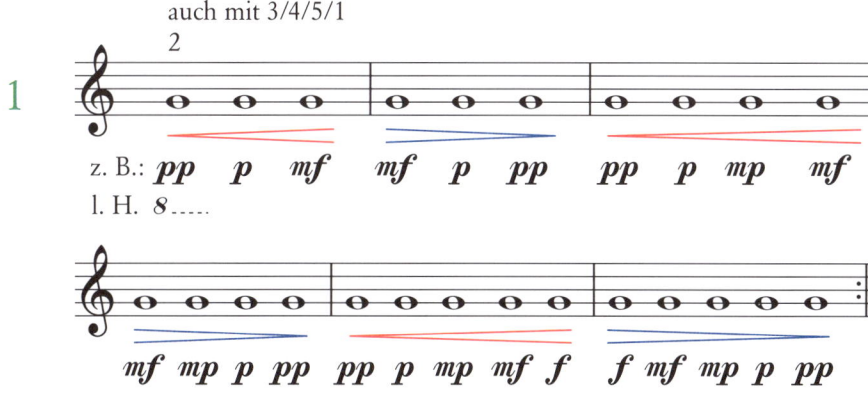

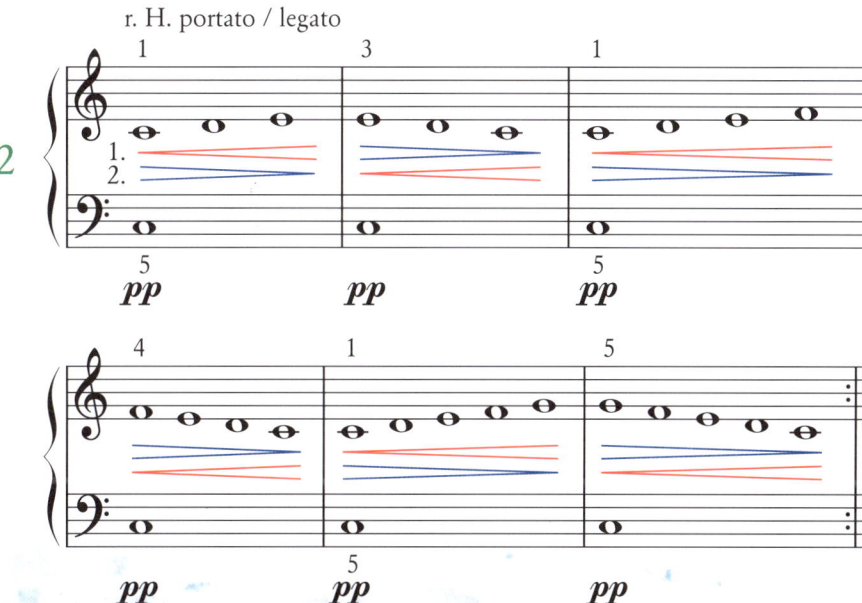

Etüden

1 Wellenspiel I
B. S.

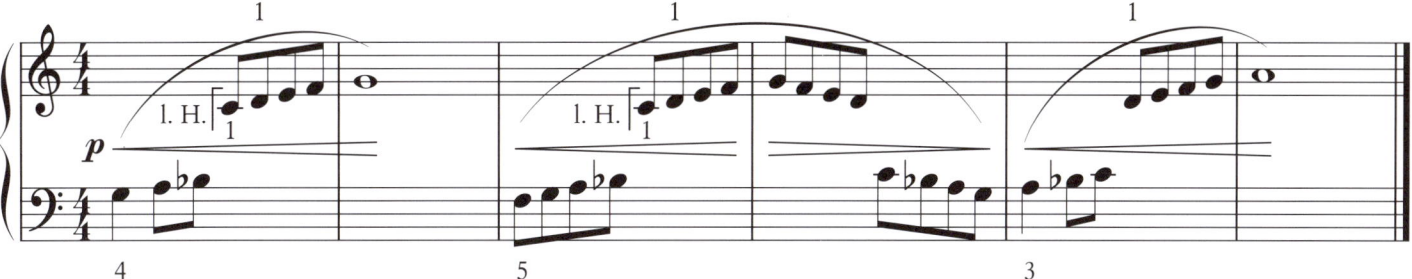

2 Das knatternde Motorrad
B. S.

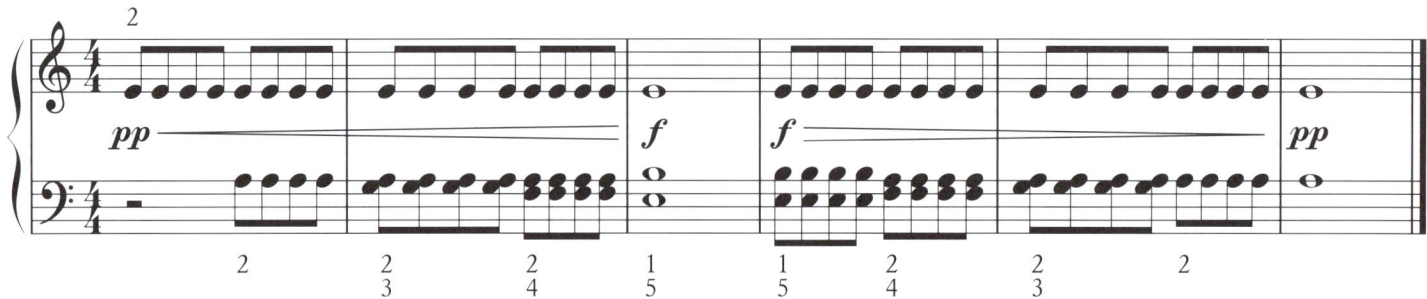

5 Fortrückende Tonfolgen

1 Zwei Finger wandern

Übungen

Spiele alle Übungen auch mit deiner l. H.
spiegelbildlich von c^1 aus, also abwärts.

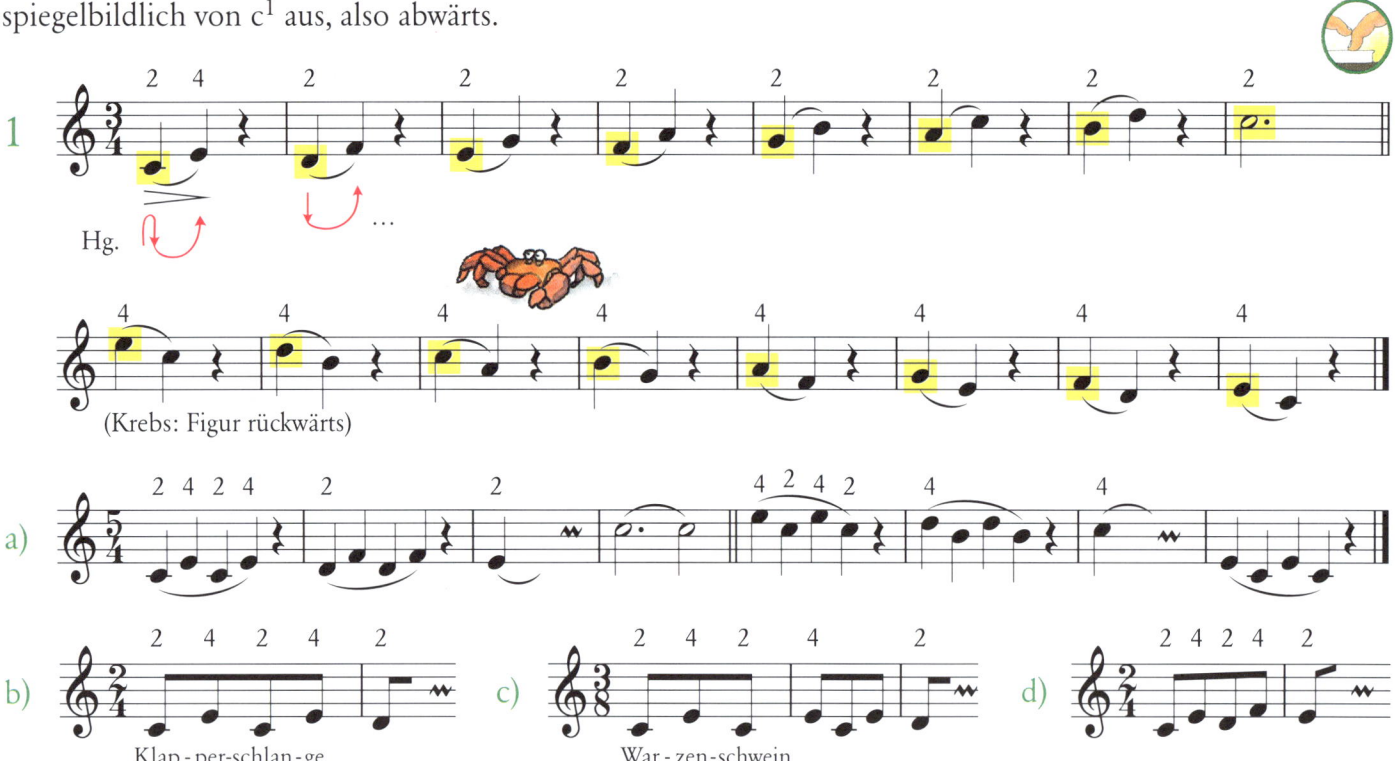

Hg.

(Krebs: Figur rückwärts)

a)

b) Klap - per-schlan-ge

c) War - zen-schwein

d)

Varianten: Verändere ... die Dynamik ... die Tonart ... den Rhythmus ... die Artikulation ... das Tempo

Die folgenden Spielfiguren kannst du wie die vorangegangenen Übungen ausführen:

(⌣ bedeutet: Bei diesem Fingersatz müssen sich einzelne Finger seitwärts bewegen bzw. abspreizen)

2 Drei Finger wandern

Übungen

Spiele alle Übungen auch mit deiner r. H. spiegelbildlich von c^1 aus, also aufwärts.

Varianten Verändere ... den Rhythmus
... die Dynamik ... die Artikulation
... die Tonart ... das Tempo

Die folgenden Spielfiguren kannst du wie die vorangegangenen Übungen ausführen:

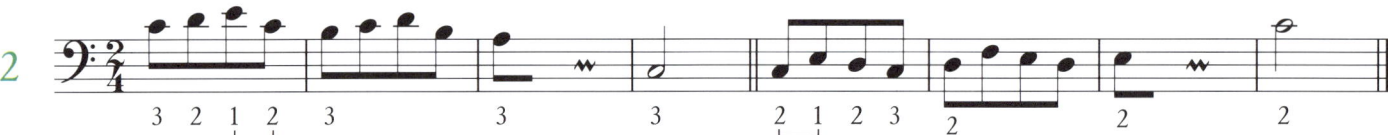

Die folgenden Spielfiguren kannst du jeweils aufwärts einen Ton höher, abwärts einen Ton tiefer versetzen.
Finde heraus, wie die zu spielende Figur rückwärts (im Krebs) für den Aufgang lautet und notiere sie
einschließlich der möglichen Fingersätze:

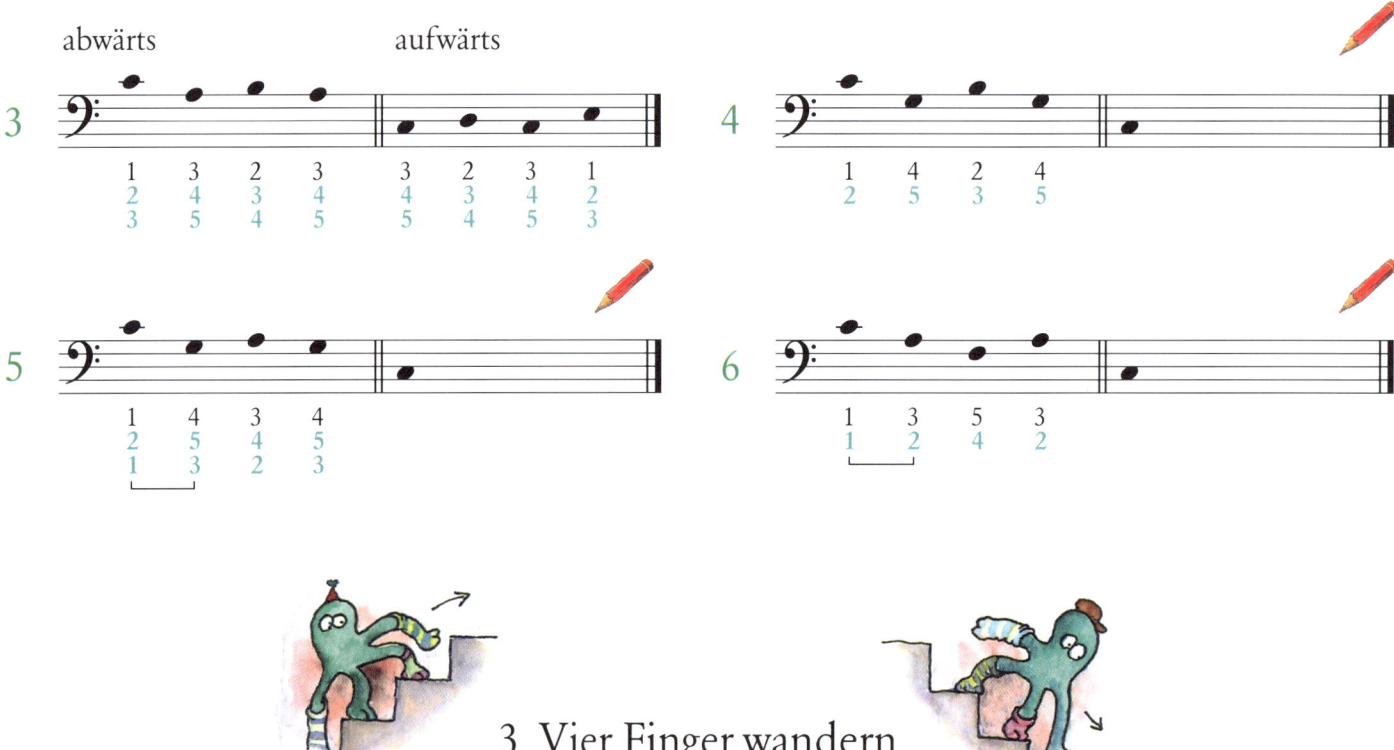

3 Vier Finger wandern

Übungen

Spiele alle Übungen auch mit deiner l. H.
spiegelbildlich von c¹ aus, also abwärts.

Verändere   ... den Rhythmus
... die Dynamik   ... die Artikulation
... die Tonart   ... das Tempo

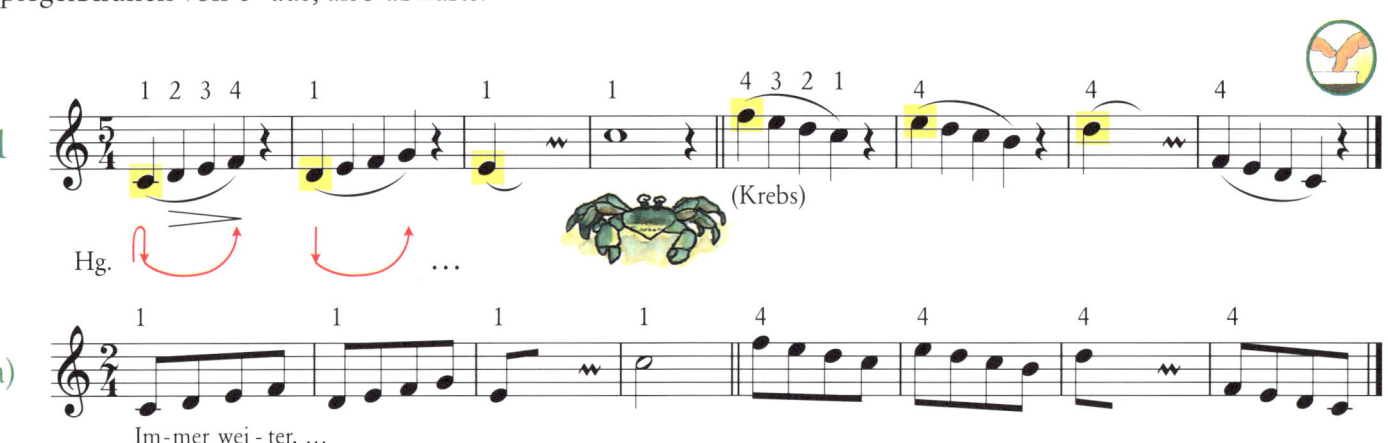

Im-mer wei - ter, …

b) Nun geht's vor - an, …

c) Hin zum Drit-ten, …   Hin zum Zwei-ten, …

d) Es geht hin - auf, …   Es geht hin - ab, …

e) Ei-ner folgt dem and'ren, …   f)   g)

Die folgenden Spielfiguren kannst du wie die vorangegangenen Übungen ausführen:
Spiele abwärts den Krebs der Spielfigur:

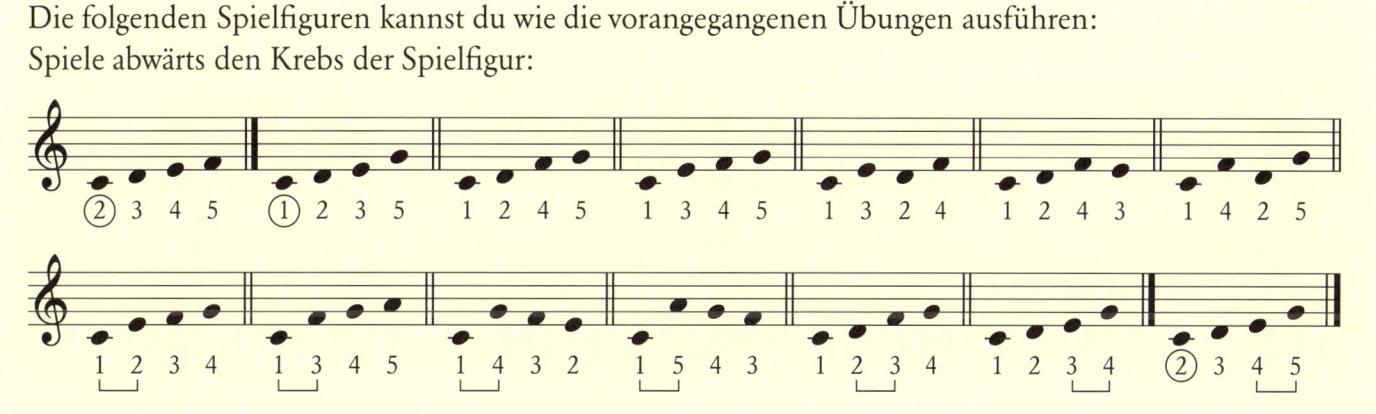

2

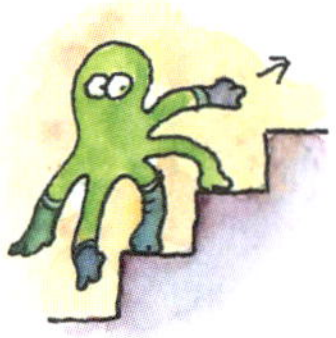

4 Fünf Finger wandern

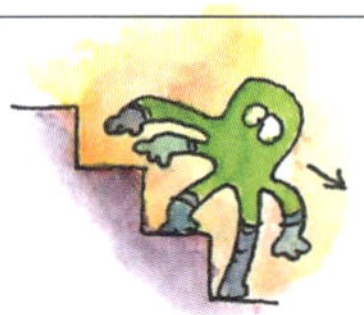

Übungen

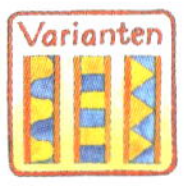

Varianten	Verändere	... den Rhythmus
	... die Dynamik	... die Artikulation
	... die Tonart	... das Tempo

Die r. H. spielt alle Übungen spiegelbildlich von
c^1 aus, also aufwärts.

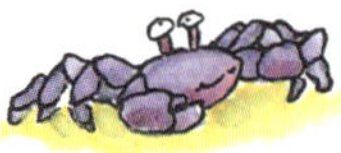

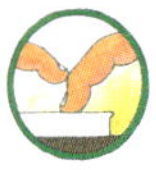

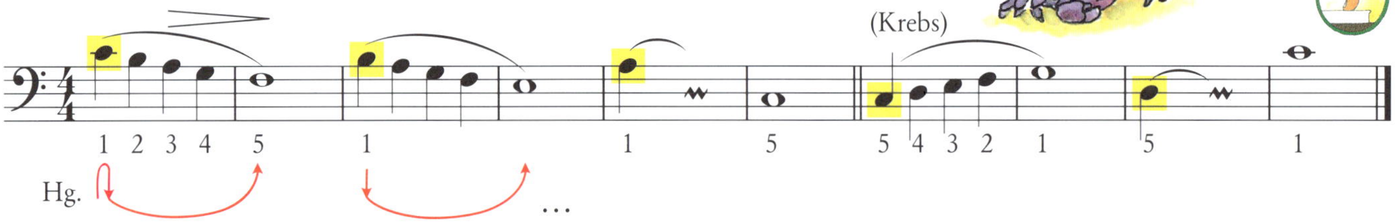

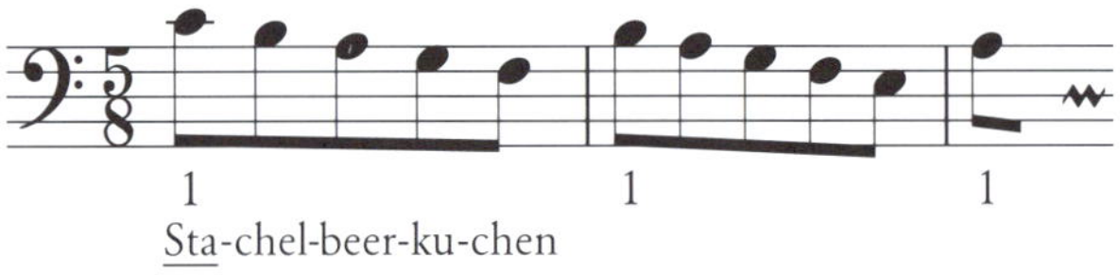

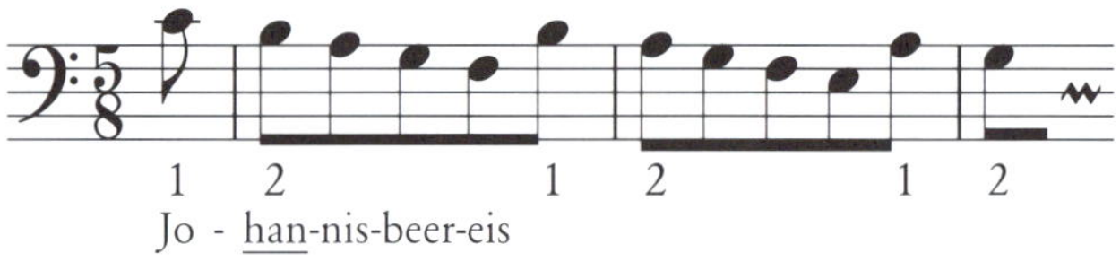

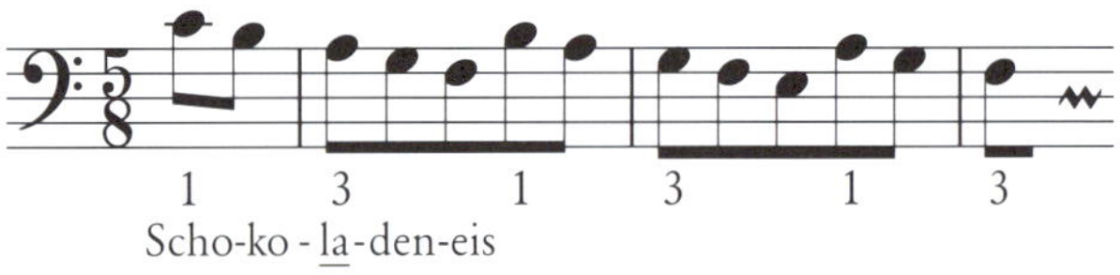

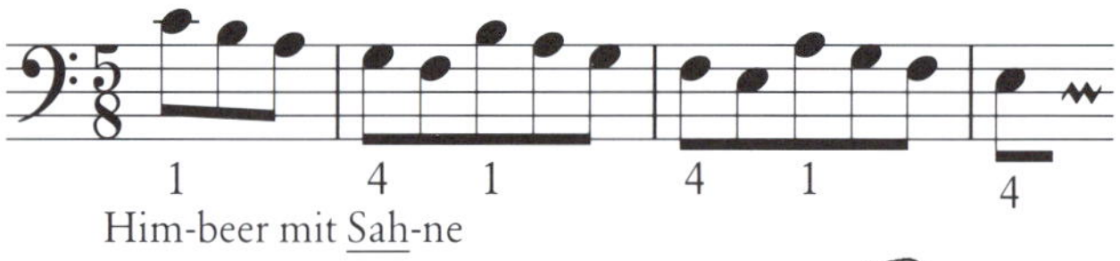

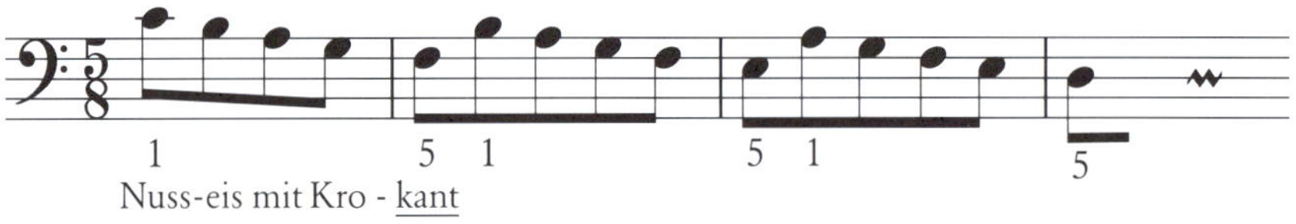

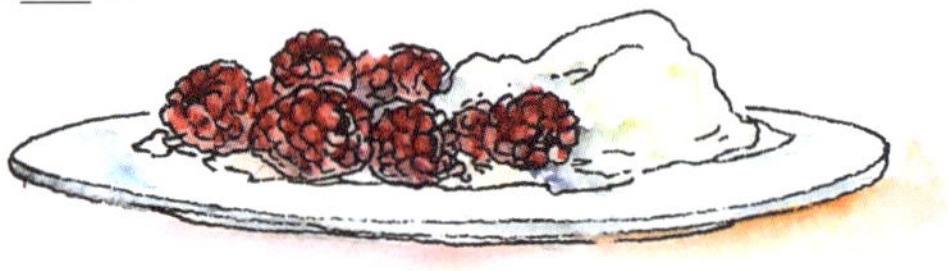

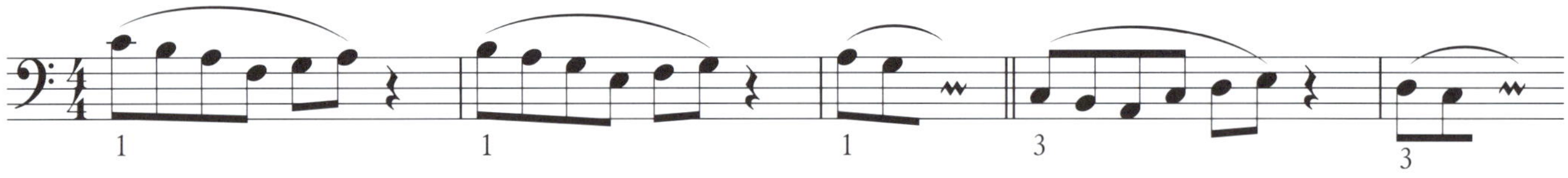

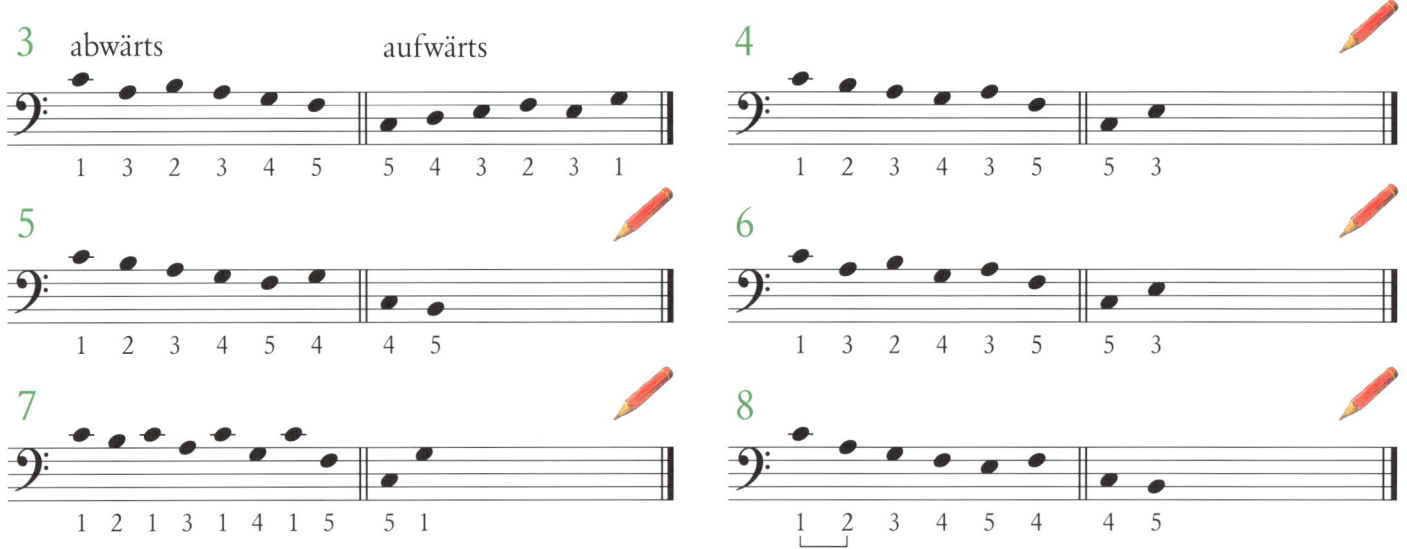

Versetze die folgenden Spielfiguren erst schrittweise abwärts, dann aufwärts. Ergänze in den Übungen 4–8
den Krebs der Spielfigur für den Aufgang. Spiele auch mit wechselnden Betonungen.

9

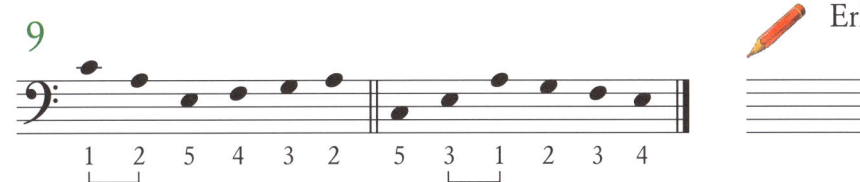

Erfinde eine andere Fünffingerübung:

Etüden

Verändere bei allen Etüden
... die Dynamik
... den Rhythmus
... das Tempo

1 Einer führt

B. S.

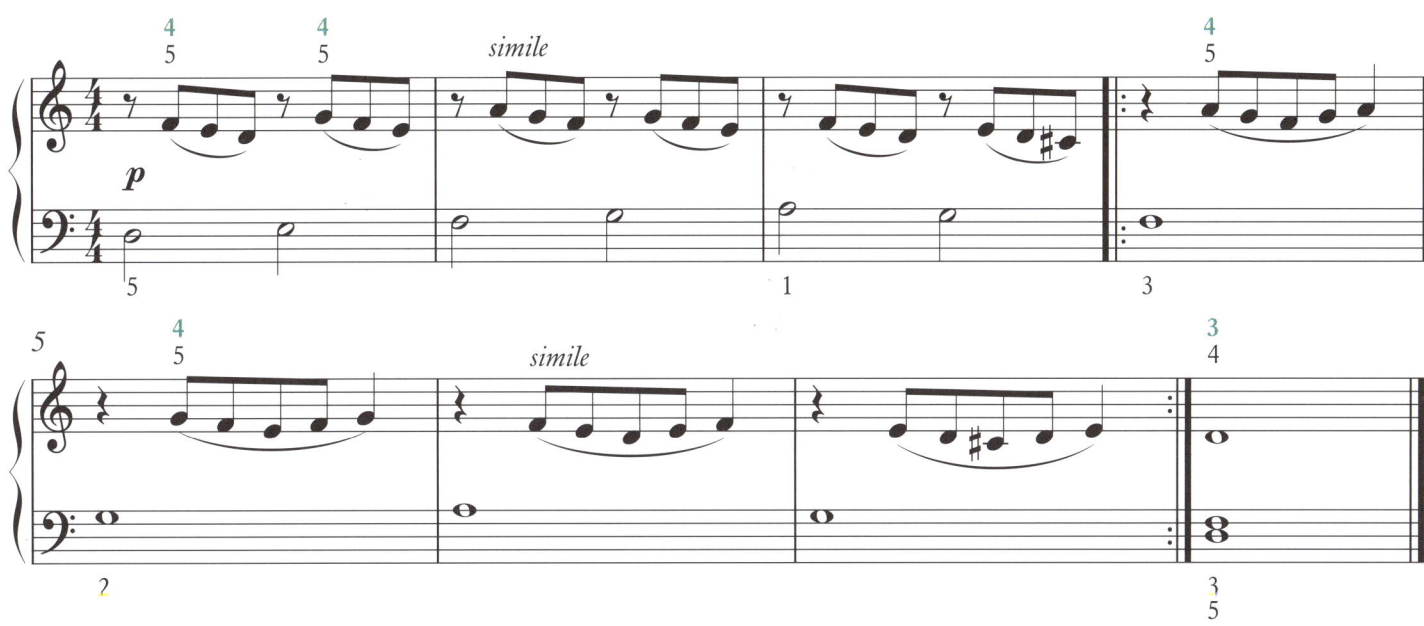

2 Ungarischer Tanz

B. S.

3 Wellenspiel II

B. S.

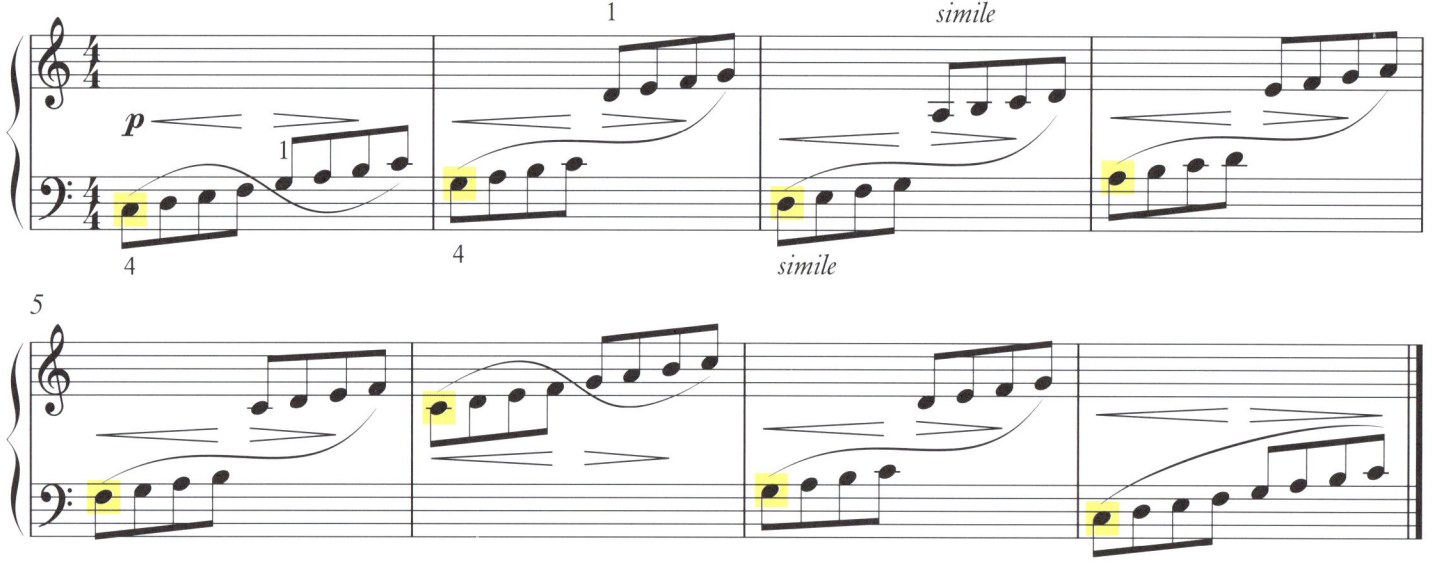

4 Fliegender Wechsel

B. S.

 Spiele zunächst nur die gelb unterlegten Töne einer Etüde. Wenn du dir diesen Tonverlauf merkst, brauchst du nur die immer gleichbleibende Spielfigur anzufügen – so lernst du die Etüde schneller und leichter.

5 Treppab

B. S.

 Spiele die Achtelfiguren einer Etüde auch einmal auf dem Tastendeckel: Wenn jeder Finger ein gut hörbares Klopfgeräusch hervorbringen kann, wirst du auch auf den Tasten den richtigen Fingerschwung ausführen. So klingen alle Töne klar und deutlich.

6 Dreistimmige Akkorde

Übungen

Spiele die Übungen 1–7 auch jeweils mit der nicht notierten Hand:
Die l. H. spielt eine Oktave tiefer, die r. H. eine Oktave höher.

Varianten
Verändere
… die Dynamik
… das Tempo
… die Akkorde (s. u.)

 TIPP Achte darauf, dass Schulter und Arm trotz deines
spielbereiten Akkordgriffs immer beweglich bleiben.

Durakkorde – Mollakkorde

C-Dur (c-Moll)

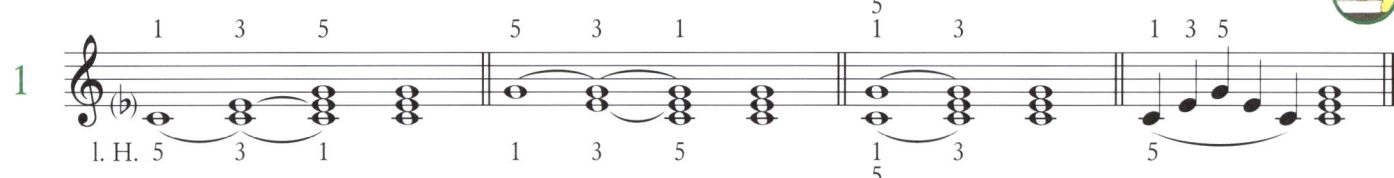

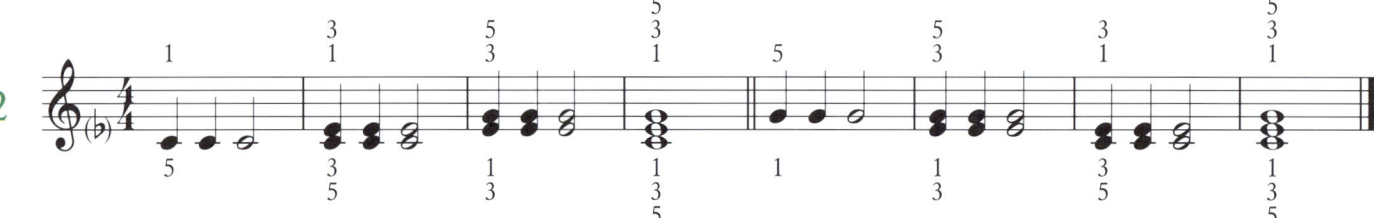

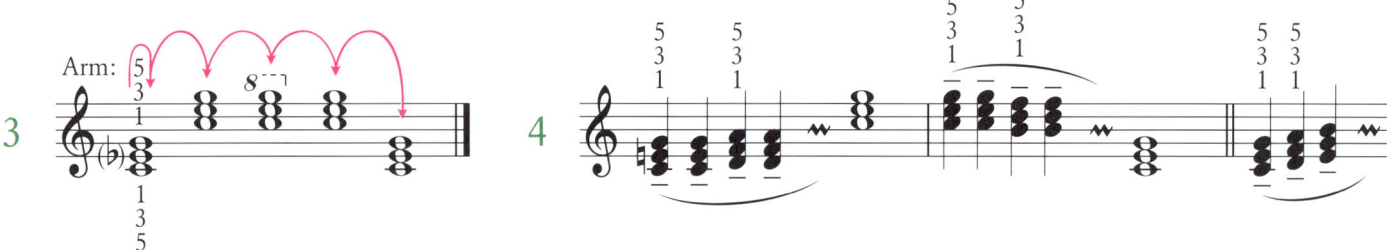

Auch mit folgenden Dur- und Molldreiklängen kannst du die Übungen 1–3 spielen:

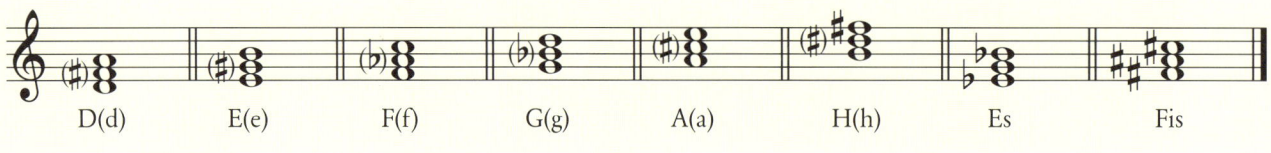

D(d)   E(e)   F(f)   G(g)   A(a)   H(h)   Es   Fis

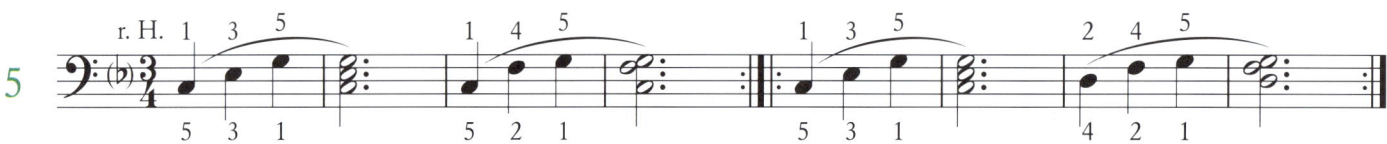

Breitkopf EB 8821

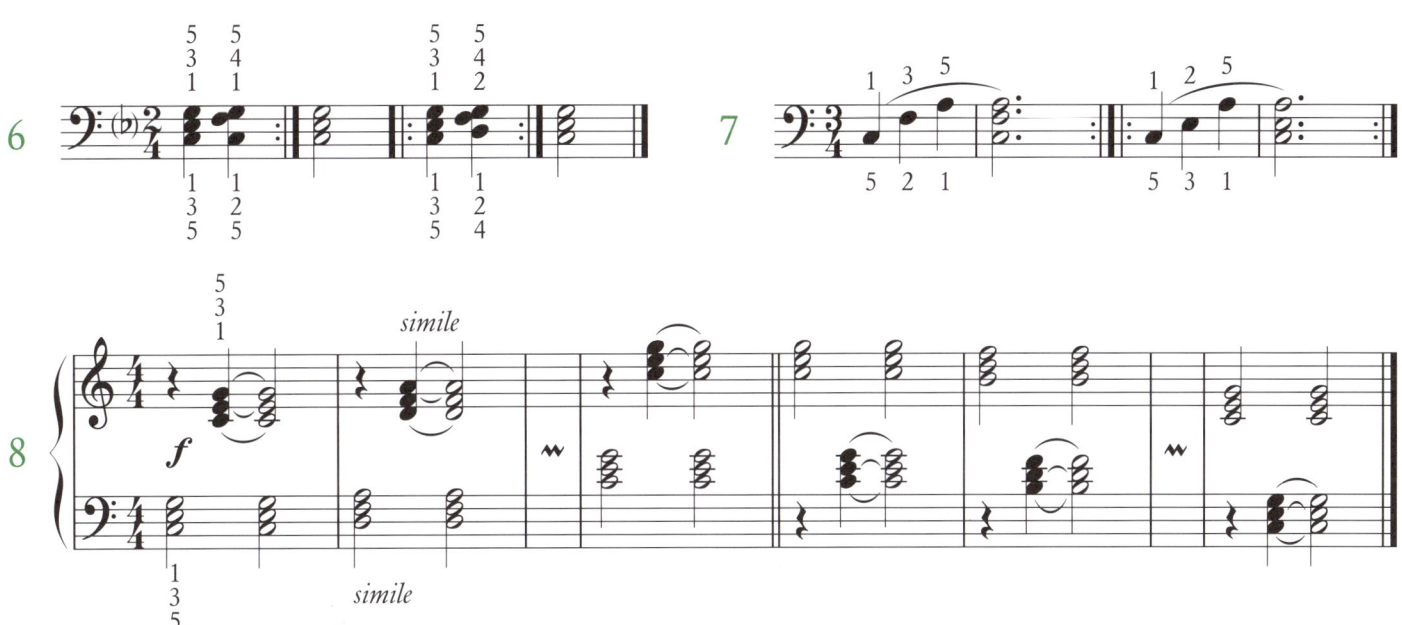

Etüden

1 Vor und zurück
B. S.

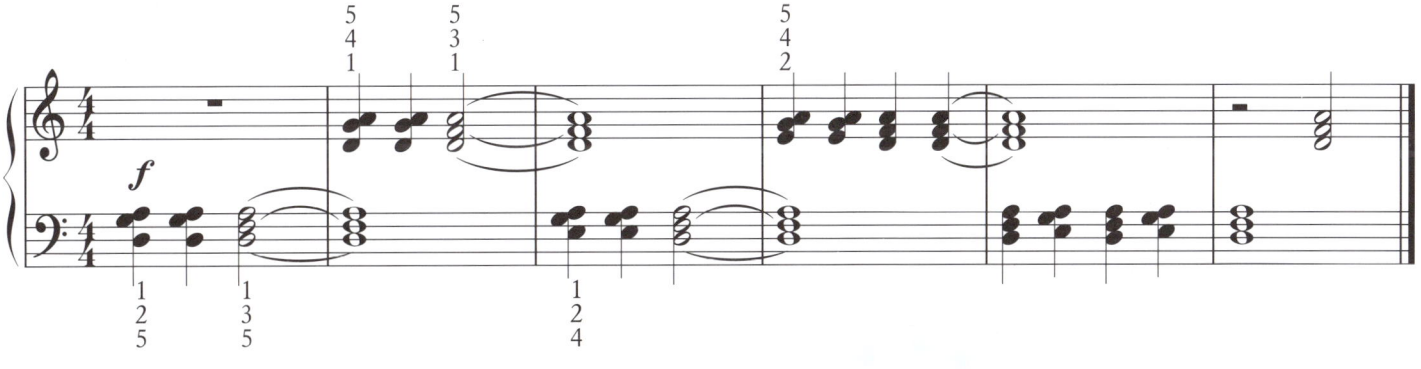

2 Alles im Griff?
B. S.

Breitkopf EB 8821

3 Moderato

nach C. Czerny
aus: „Erster Wiener Lehrmeister" op. 599

4 Fiesta

B. S.

Verändere in Etüde 3
... die Tonart

5 Abendgeläut

B. S.

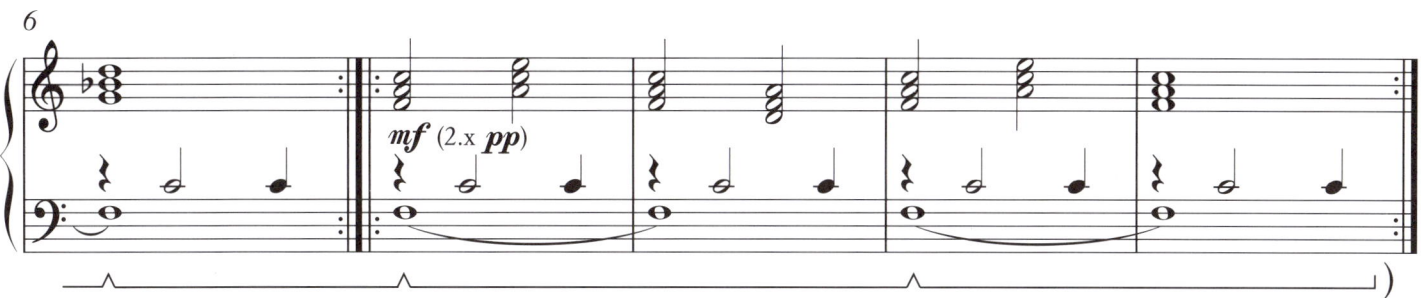

TIPP Deine Finger stützen deinen Arm so wie Säulen ein Gewölbe.

6 Rock

B. S.

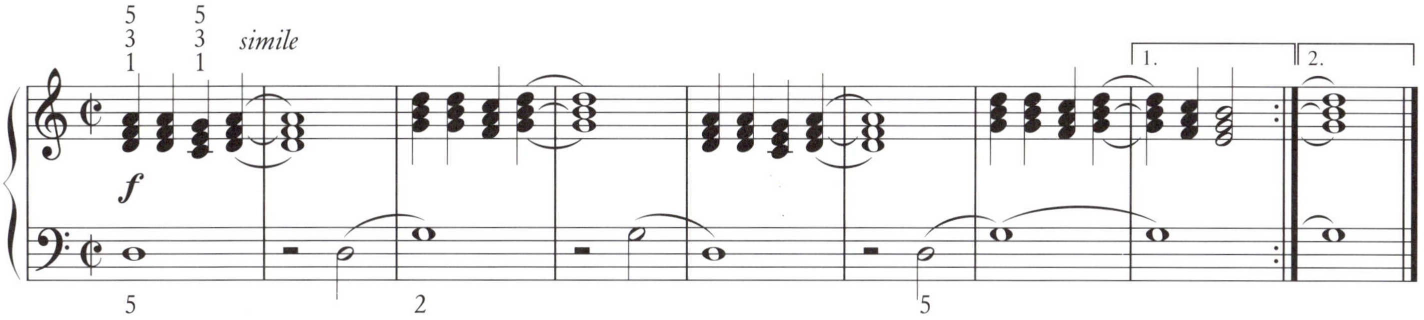

TIPP Spiele die Akkorde mit unverändert spielbereitem Fingergriff,
löse deine Hand also nicht zwischen den Akkorden.

7 Verfolgungsjagd

B. S.

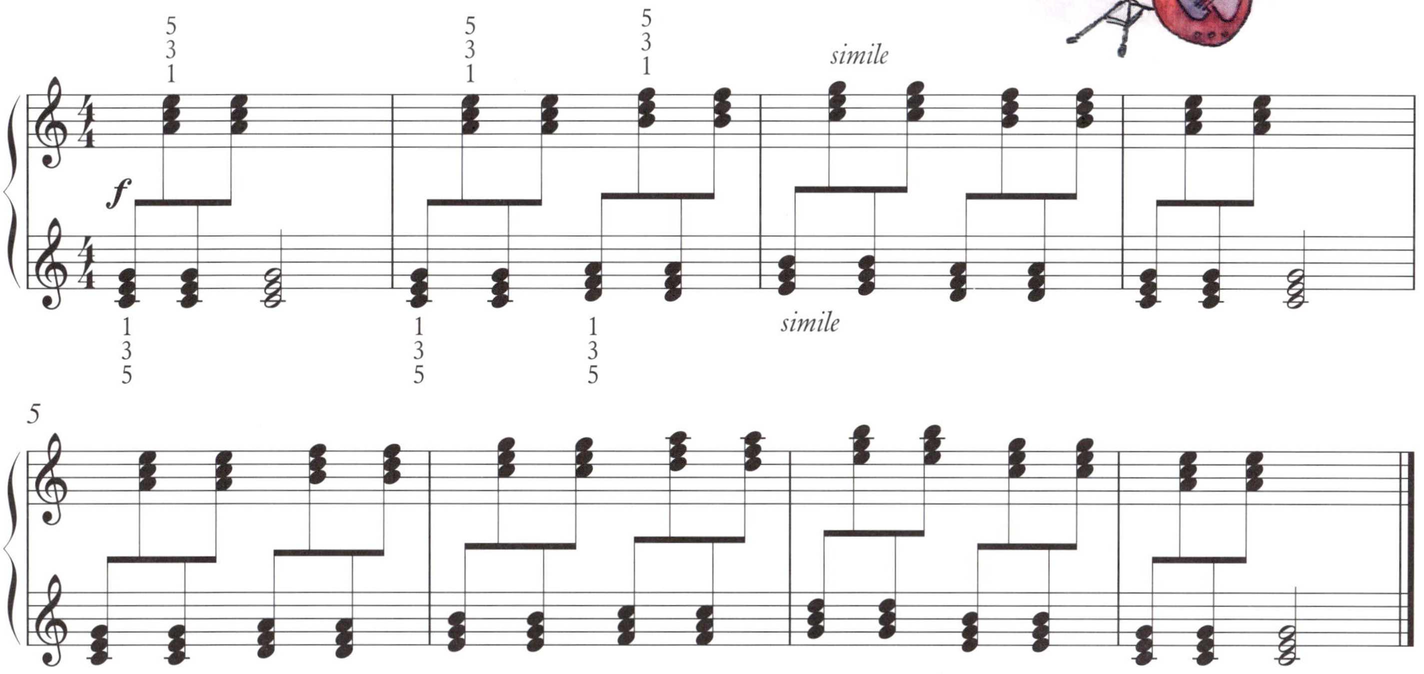

8 Wellenreiten

9 Der Solist weiß nicht mehr weiter

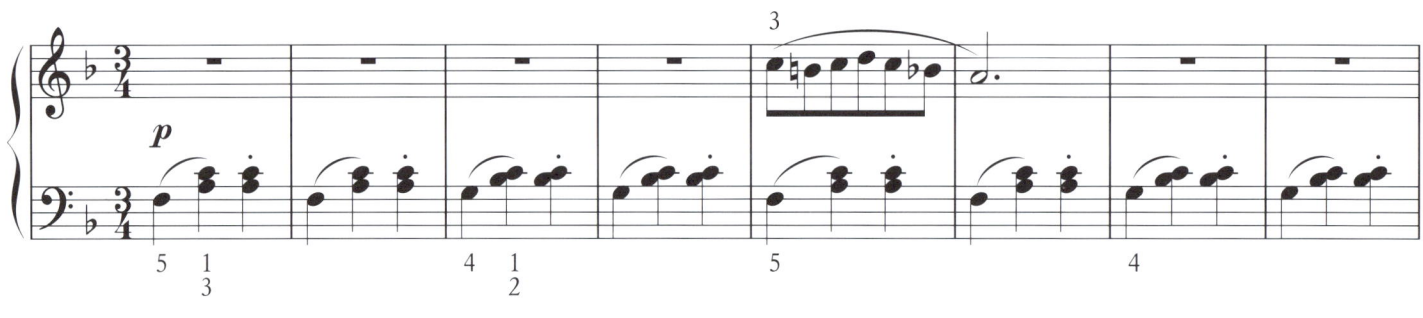

Bleibe immer in Bewegung. Deine
Hände dürfen nicht stecken bleiben.

10 Gruß an Herrn Alberti

B. S.

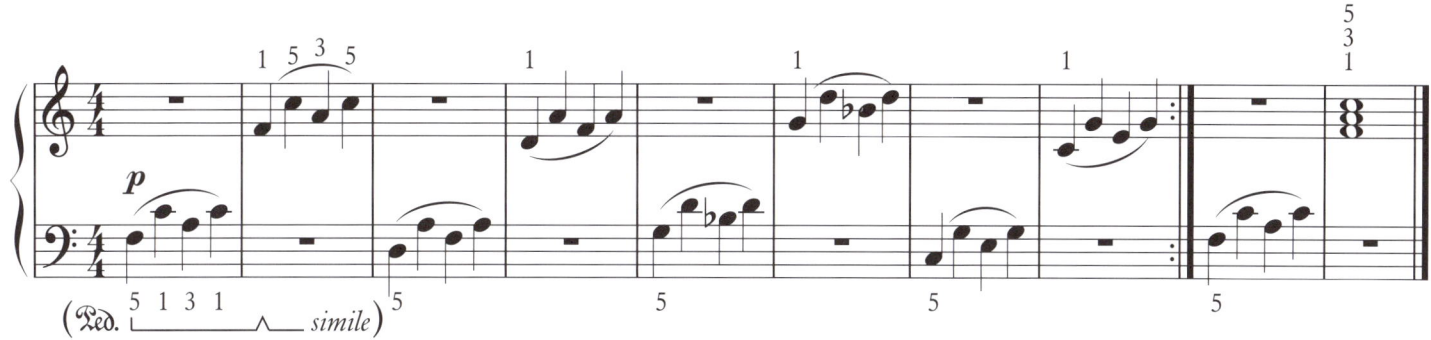

11 Kurzer Rock

B. S.

12 Hin und her

B. S.

13 Glockenklang

B. S.

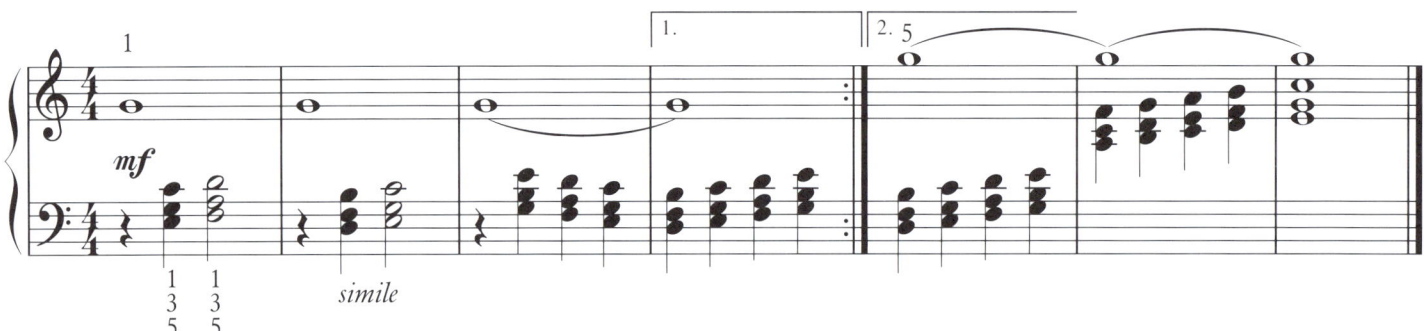

14 Wolkensegler

Siegfried Borris (1906–1987)
aus: E. und C. Holzweißig: „Klavierschule"

© 1972 by Heinrichshofen's Verlag, Wilhelmshaven

Wache Finger, wache Ohren

Bettina Schwedhelm

Üben mit Varianten

Beispiel

Grundübung (C-Dur)

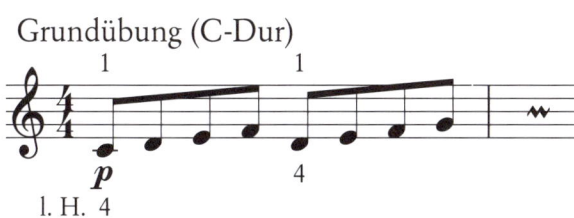

Artikulationswechsel

Rhythmuswechsel

Tonartwechsel: F-Dur/Dynamikwechsel

Tonartwechsel: G-Dur/Artikulationswechsel

Tonartwechsel: F-Dur/Rhythmuswechsel

1 Tonarten

a) **Fünftonlagen** (● = schwarze Taste, ○ = weiße Taste)

Edition Breitkopf 8821

© 2013 by Breitkopf & Härtel, Wiesbaden
Printed in Germany

b) Tonleitern (für Kapitel 5, Fortrückende Tonfolgen)

Eine schwarze Taste — G-Dur — F-Dur

Zwei schwarze Tasten — D-Dur — B-Dur

2 Rhythmus

Ausgangsfigur

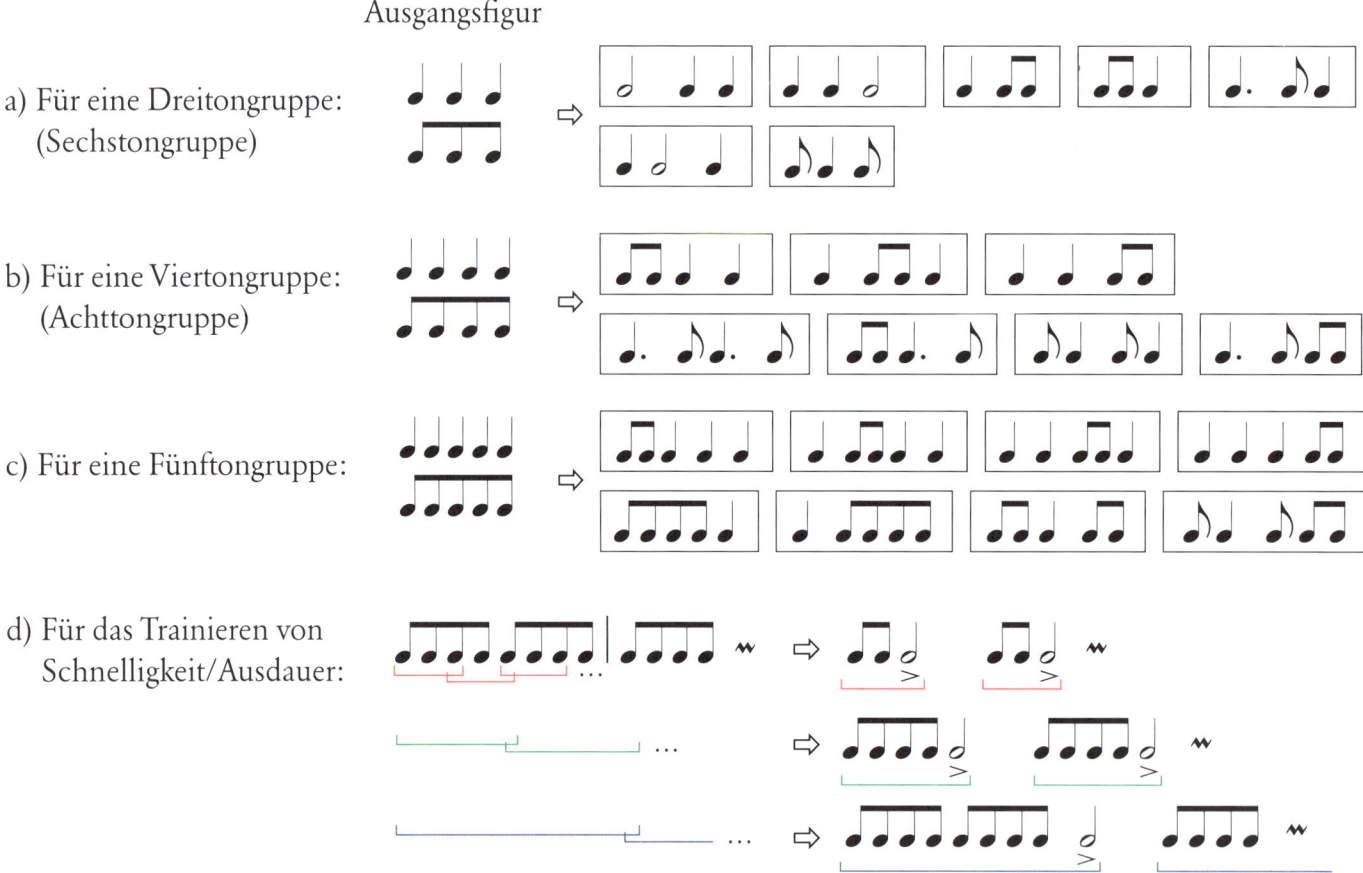

a) Für eine Dreitongruppe:
   (Sechstongruppe)

b) Für eine Viertongruppe:
   (Achttongruppe)

c) Für eine Fünftongruppe:

d) Für das Trainieren von
   Schnelligkeit/Ausdauer:

Allmählich umfangreichere Tongruppen jeweils überlappend üben und auf dem letzten Ton innehalten.

3 Tempo

♩ ~ 58–146, (♪ ~ 86–186), ♩. ~ 42–112

Breitkopf EB 8821

4 Dynamik (Lautstärke)

a) Verschiedene Lautstärkegrade: **pp**, **p**, **mp**, **mf**, **f** ... und viele Zwischenstufen

b) Lauter werden (crescendo): ⟨

c) Leiser werden (decrescendo): ⟩

d) r. H./l. H gleichzeitig unterschiedlich, z. B.:

   r. H. **f**/**mf** – l. H. **p**/**pp**

   l. H. **f**/**mf** – r. H. **p**/**pp**

5 Artikulation (Binden/Trennen)

a) Durchgehend, also immer (sempre):

b) Gemischt, z. B.:

c) r. H./l. H. gleichzeitig unterschiedlich,
   z. B.:

   r. H. legato – l. H. staccato/portato

   r. H. staccato/portato – l. H. legato

   r. H. Zweierbogen – l. H. staccato/legato

   r. H. staccato/legato – l. H. Zweierbogen

6 Anschlagsarten

Arm-Portato/Arm-Staccato	Anschlagsbewegung aus dem ganzen Arm mit stabilem Finger und unbewegtem/nachgiebigem Handgelenk
Unterarm-Portato/Unterarm-Staccato	Anschlagsbewegung aus dem Unterarm
Neutrales (einfaches) Finger-Legato	Fingerspiel mit getragenem, leichtem Arm, Spiel *an* der Taste
Gewichts-Legato	Fingerspiel mit mehr oder weniger Druck/Armgewicht, Anschlag langsam, Spiel *in* der Taste
Fingeraktives Legato	energischer Fingerschwung (schnell, ungebremst), Spiel *über* der Taste
Zusammenfassende Spielbewegung	bogenförmige Bewegung von Arm und Handgelenk, die wie aus einem Guss zwei oder mehrere Anschläge zusammenfasst, einzelne Fingeranschläge ordnen sich der Bewegung unter.